九龙江北溪在华安县境内由北而南穿越107公里。有了这条北溪，才有了华安这个小小的山城。北溪从这里默默地流过，但她不是简单地贯穿地界，而是时急时缓、峰回路转，甚至东水西流。北溪的九曲十八弯构筑了她独特的美丽景致，映衬了北溪两岸奇妙的自然风光。上游的北溪山清水秀，两岸古木苍翠、绿树掩映，原始色彩十分浓郁。

绿色华安

《绿色华安》编委会 编

海峡文艺出版社

图书在版编目(CIP)数据

绿色华安/《绿色华安》编委会编. —福州:海
峡文艺出版社,2009.10
(海峡二十七城市历史文化系列)
ISBN 978-7-80719-434-7

Ⅰ.绿… Ⅱ.绿… Ⅲ.文化史—华安县
Ⅳ.K295.74

中国版本图书馆 CIP 数据核字(2009)第
193980 号

绿 色 华 安

编者:《绿色华安》编委会

责任编辑:余明建　庄琳芳

出版发行:海峡文艺出版社(网址:www.hx-read.com)

出品人:何　强

社址:福州市东水路 76 号 14 层　　　　　邮编:350001

发行部电话:0591－87536724

印刷:福州万紫千红印刷有限公司　　　　　邮编:350015

开本:787×1092 毫米　1/16

字数:220 千字

印张:13.75

版次:2009 年 10 月第 1 版

印次:2009 年 10 月第 1 次印刷

ISBN 978-7-80719-434-7

定价:45.00 元

如发现印装质量问题,请寄承印厂调换

出 版 说 明

　　《国务院关于支持福建省加快建设海峡西岸经济区的若干意见》的正式发布，使海峡西岸经济区建设的战略构想逐步成为现实。以海峡两岸主要城市为主体的海峡经济区的设想，也正不断得到海峡两岸有识之士的认同和社会各界的关注。我们认为，一个成熟的经济圈的形成，离不开该区域历史文化的交流和对接。作为建设文化的一个重要平台，我们出版工作者在其中应当也可以有所作为。

　　海峡文艺出版社成立二十五年来，积极关注海峡两岸历史文化资源的挖掘整理，并用通俗生动的形式将它们展现在读者面前，得到了社会和读者的认同。经过充分的市场调研，近期我们提出了编辑出版"海峡二十七城市历史文化系列"的选题构想。这个构想的主要内容是：通过对海峡两岸二十七个主要城市（包括福建的福州、厦门、漳州、泉州、莆田、三明、南平、龙岩、宁德；浙江的温州、丽水、衢州；广东的汕头、梅州、潮州、揭阳；江西的上饶、鹰潭、抚州、赣州；台湾的台北、高雄、基隆、台中、台南、新竹、嘉义等）及所辖的两百多个县（市、区）的历史文化进行审视和观照，用"探寻历史遗存"、"拜访古代先贤"、"感悟绿色山水"、"品味地方风情"、"寻找故事传说"、"重读古典诗文"和"欣赏县城新姿"等板块进行书写和展示，一县（区、市）一册。让读者在图文并茂的情境中，走进历史，关心当下，展望未来。

　　此项工程已经正式展开，我们计划用三到五年时间全部完成。我们真诚希望与有关县（市、区）及其有志之士携手，共同努力，把我们珍贵的历史文化资源转化为现实的文化生产力，为中华文化的大发展大繁荣，增添一道厚重而亮丽的风景线。

海峡文艺出版社

二〇〇九年十月

总 序

刘可清　陈 冬

　　漳州是我国历史文化名城、优秀的旅游城市，是台胞的主要祖籍地和著名的侨乡，是海峡西岸经济区的重要城市之一。一万多年前，先民就在这片沃土上拓土耕耘。四五千年前，漳州就具有了相当的文明。公元 7 世纪中叶，陈政、陈元光父子入闽，在平息啸乱之后，设立州治，大力开发漳州。从此，中原文化与闽越文化在这里相互交融，相互促进，共同发展，创造了灿烂的漳州历史文化，留下了足以傲人的历史文化遗产。朱熹、黄道周等先贤，世界级文学大师林语堂，以及许地山、杨骚等一批文化名人留下了宝贵的精神财富；芗剧、木偶剧及木偶雕刻艺术享誉海内外；剪纸、灯谜、木版年画等民间传统艺术丰富多彩。

　　新中国成立后，特别是改革开放三十多年来，漳州的经济政治文化社会事业得到了全面发展进步，对历史文化的挖掘、整理、保护，也列入了党委政府的重要议事日程。我们狠抓保护与利用工作相结合，使经济建设与文化建设协调发展，相得益彰。2005 年，漳州市区明清古街的保护荣获联合国科教文组织亚太地区遗产保护奖；2008 年，漳州的 3 个土楼群成功列入世界文化遗产名录。目前，漳州拥有福建土楼、八宝印泥、漳浦剪纸等多项世界级、国家级文化遗产。列入全国重点文物保护单位的有 15 处 23 个点，省级重点文物保护单位 57 处，并有 6 个文化部命名的中国民间艺术之乡、1 个省历史文化名镇、1 个中国历史文化名村，还有革命史迹和革命纪念地280 多处。2008 年 12 月，漳州市第三批非物质文化遗产名录出炉，就有九大类 26项。

　　漳台两地的"五缘"关系，更使漳州具有了独特的开展两岸历史文化交流活动的优势。围绕开漳圣王陈元光、东山关帝、保生大帝、三平祖师等开展的品牌活动，吸引了大量的台湾信众。漳台姓氏与族谱文化研究、漳台两岸祖籍地对接、开基祖对接、祠堂对接、族谱对接、同姓宗亲团体对接等活动，更是增进了漳台两地人民的亲情，见证了两岸血脉相连的深厚渊源。

　　今年 5 月，《国务院关于支持福建省加快建设海峡西岸经济区的若干意见》正式发布，其中提出要把海峡西岸经济区建设成为"我国重要的自然和文化旅游中心"。

在这方面,漳州无疑也有自身的独特优势。文化是旅游的灵魂,旅游是文化的载体。要把漳州打造成为"国际知名的自然与文化旅游目的地"之一,就需要我们依托底蕴深厚的漳州历史文化,加快文化旅游资源的开发,实现以文促旅,以旅兴文的目标。

所有这些,都要求我们看待历史文化资源,要有更高的高度,要有更新的视角。实践证明,文化作为一种生产力,它的作用并不仅仅局限在文化领域,它可以带动社会的全面发展、提高人们的生活水平。对于漳州这样一个有着一千多年历史的文明区域来说,如何将悠久的历史文化积淀进一步转化为现实生产力,为实现科学发展、社会和谐发挥更大的推动作用,是一个具有十分现实意义的课题。

"漳州历史文化丛书"无疑在这方面做了一次有益的尝试和可贵的创新。

首先,丛书由市委宣传部、市经济学会牵头,由各县(市、区)组织作者,按照出版单位的要求进行编写,每县一册。展现在读者面前的这11册——《首善芗城》《风华龙文》《文化龙海》《唐郡漳浦》《故郡云霄》《海韵东山》《风韵诏安》《土楼南靖》《柚都平和》《绿色华安》《文昌长泰》,光书名,就富有特点,让人耳目一新,各县(市、区)独特的历史文化特色与现代发展气息跃然纸上,扑面而来。

其次,丛书的编写体例有自己的特点。探寻历史遗存、拜访古代先贤、感悟绿色山水、品味地方风情、寻找故事传说、重读古典诗文、欣赏县城新姿等板块,囊括物质文化遗存与非物质文化遗产,从人物到故事,从自然到社会,从历史到现实,向读者展现了漳州所属县(市、区)名人辈出,遗存众多,历史文化积淀厚重以及今天的卓越风姿。单一册,可以看作是一个县(市、区)的历史文化小百科,11册合起来,也是漳州历史文化的大百科。

再者,丛书用大文学的手法,挖掘历史文化,发现古代遗存,反映风土人情,展示自然生态和城市发展新姿新貌,力求做到雅俗共赏、史俗同趣,兼具权威性、文史性、思想性、艺术性和可读性。丛书彩色印刷,图文并茂,对外可作为展示各县(市、区)历史文化的外宣、文化礼品,成为海内外朋友了解漳州的必读文本;对内可作为弘扬地方优秀历史文化的生动教材,成为漳州市人民,特别是青少年学生引以自豪的必备读物。

刚刚过去的新中国60周年庆典,向世人展示了中华民族坚持科学发展、建设美好家园,为人类的文明进步、和平发展作出更大贡献的决心。漳州市和全国一样,也要豪迈地跨上新的征程。我们要继续努力,在经济政治文化社会等各方面,不断创新,不断落实,不断奉献出新的成果。

(作者分别为中共漳州市委书记、漳州市人大常委会主任,

中共漳州市委副书记、漳州市人民政府代市长)

2009 年 10 月

目 录

1 序 / 柯志宏 沈建平

探寻历史遗存

3 绚丽多彩的北溪文化 / 黄元德

8 缠绕于心的倾听与仰望 / 曾平顺

11 东溪古窑遗址 / 九龙山人

14 江南一绝——仙字潭摩崖石刻 / 林艺谋

16 闽南一清南山宫 / 黄元德

18 亭亭玉立玄天阁 / 黄元德

20 格高神秀华安玉 / 郭小兰

23 平安寺 / 黄元德

25 走进二宜楼 / 黄元德

29 万历三楼 / 倚 车

31 神奇的古兵寨 / 郑跃辉 黄阿彬 蔡明进

33 华安饶氏世族与启丰楼 / 唐朱宋

36 闽南西藏——华安和春村探秘 / 李金城

拜访古代先贤

41 廉洁勤政的杨汝南 / 佚 名

43 为国捐躯的九龙三公 / 黄阿彬 郑跃辉 黄淑琳

46 乐善好施的黄宗继 / 佚 名

47 兴利除害的赵德懋 / 佚 名

48 一尘不染的赵怀玉 / 佚 名

49 启迪后学的陈天定 / 李寿南

51 不事二主的洪思 / 钟武艺

55 刚正不阿的唐朝彝 / 佚 名

57 勤勉刚直的蒋士熊 / 林艺谋

感悟绿色山水

63 小母亲河从这里流过 / 黄元德

65 大地土楼群游记 / 周 文

68 仙字潭漫笔 / 陈文和

71 游贡鸭山森林奇石公园 / 李金城

74 奇石溢彩山含秀 / 许崇安

76 哦，坝上的湖泊 / 杨炳西

78 船家女 / 青 禾

81 竹种风情 / 邹清水

83 情有独钟竹种园 / 邹银河

85 九龙大观园纪游 / 王仲萃

88 玉魂 / 华 宣

90 闲话赏石 / 李庆辉

品味华封风情

95 土楼居民古老的民俗风情 / 倚 车

97 土楼之美 / 许燕妮

100 土楼婚礼 / 倚 车

102 华安高山族 / 倚 车 杨聪燕

106 二宜楼鼠曲粿 / 林艺谋

107 石井四宝殿祭祀品大粿 / 陈景生

109 茶缘：薪火相传上千年 / 华　宣

112 新圩古渡口 / 吴一山

115 赏石之美娱 / 李庆辉

118 蜈蚣旗与辇轿 / 倚　年

119 梦圆南山宫 / 黄毅辉

寻找故事传说

123 仙都三宝 / 林　涛

126 陈天定在华安 / 陈进昌

128 唐朝彝的故事 / 黄超云　陈小环

130 香汗女 / 钟武艺

132 九色巨龙变大江 / 叶腾凤

136 坪山柚的由来 / 叶腾凤

140 蒋士熊的传说 / 陈进昌

144 凌云楼的传说 / 钟武艺

148 蔡巡按与雨伞楼 / 林　涛

150 金小姐建大学楼 / 陈进昌

153 贡鸭山的传说 / 李美法

158 聪慧过人的贤会娘 / 钟武艺

161 木人泪 / 陈进昌

163 芳山楼的故事 / 叶顺清　方坤乾

重读茶烘诗文

167 夜宿龙头 / （宋）杨汝南

168 归耕亭二首 / （宋）杨承祖

169 秋吟 / （明）陈天定

170 华山摩崖石刻诗 / （明）方　进

171 归田自述 / （明）杨　绍

172 寿迟斋诗 / （明）郑　复

173 诗三首 / （清）王履亨

174 陈北溪故里诗 / （清）唐朝彝

175 闽游日记 / （明）徐霞客

177 北溪纪胜 / （明）陈天定

181 洪石秋子传 / （清）郑亦邹

欣赏华安新姿

185 北溪赋 / 邹清水

188 走向世界的华安　诚迎世界的客商 / 华　宣

189 华安工业：奋发崛起谱写新篇章 / 蒋欣福　邹瑞城

194 华安茶产业：转型升级正当时

　　　　　　/ 谢贤伟　郑跃辉　黄阿彬　黄淑琳

198 建设山水园林县城　致力改变山区面貌 / 林丽碧

202 沐浴改革春风　铸就交通辉煌 / 王素琴

205 华安三件宝　名扬海内外 / 李柏森

207 **编后记**

序

柯志宏　沈建平

　　世界文化遗产地华安县，地处福建省南部，建县时间虽仅八十余年，但历史却源远流长，文化积淀厚重。

　　蜿蜒穿越县境107公里的九龙江，是福建省第二大江，亘古而今，衍生出了绚丽多彩、博大精深的九龙江北溪文化。明代著名地理学家、旅行家徐霞客曾两次考察华安，并留下赞美它的华章。玉石文化、土楼文化、高山族文化和华安茶文化等北溪文化在这里得以孕育、传承和积淀。这里有建于清代，现已列入《世界文化遗产名录》，并成为我省"闽南文化生态保护实验区示范点"的华安大地土楼群，其中有被誉为"神州第一楼"、"土楼之王"、"民居瑰宝"的二宜楼，有福建土楼博物馆南阳楼，还有国家级文物保护单位南山宫、号称"千古之谜"的省级文物保护单位仙字潭摩崖石刻、东溪古窑遗址及建于明万历年间的齐云楼。明朝期间，华安教育之风就非常兴盛。明末进士陈天定创办了华山书院聚徒讲学，留有"一科年中举门生达十八人"的纪实，启迪了北溪文化。华安历史上名人志士荟萃，有南宋绍兴十五年（1145年）进士，任过赣州、广州学官和古田县知县，弃官后返乡办学的杨汝南，有南宋代宋端宗饮鸩殉节的魏天忠，有明代乐善好施的乡绅黄宗继，有明长史大夫赵德懋，有明天启进士、广东肇庆推官、抗倭英雄赵怀玉，有清康熙六年（1667年）中进士，历职御史、历位卿署的唐朝彝等一代名流。华安民俗文化丰富多彩，如今还留有列入国家非物质文化遗产的高山族舞蹈以及宋代皇族赵氏宗祠、华安畲家民歌、华安土楼民俗、土楼营建技艺等。

　　走进华安，我们感谢自然的厚赐，感谢时间的宝贵积淀，感谢先民的勤劳智慧。在华安亲近自然，我们常会惊叹叫绝。游览仙字潭摩崖石刻、华安玉地质公园、贡鸭山森林公园，定会对千古之谜"仙字"百思不得其解，心中颇想请来"仙人"给我们解秘；定会从华安玉的纹理和痕迹中解读到地质的演变；定会因天狗梦月、群龟赛跑、攀天藤、夫妻树崇敬自然的造化。悠游大地土楼群，我们会被"土楼之王"二宜楼所震撼，悟出宜山宜水、宜家宜室、宜内宜外的和谐理念，在感受文化之厚重、历史之深邃时，会不禁折服于先人精湛的建筑技艺和开放创新精神。走进万亩茶园，赏心悦目；驻足民巷，陶醉于缕缕铁观音茶香——定会在这全国优质铁观音茶叶主产区熙熙攘攘的车流人流中感知"兴茶富民"。爬南山，拜访道教遗址南山宫；登华山，看书院；穿梭茂林丰竹，闻到花果飘香，吸进国家一级标准空气——定会从"德茂天初"的牌匾和林立的"旗杆"中感知文明发展的艰难。站在项南曾由此走上革命道路、汤晓丹经此走上艺术生涯的新圩古渡口，虽已看不到昔日南来北往、商贾聚集交易的繁荣景象，但是我们似乎还能从被磨得光滑了的码头石阶以及狭小民巷的一些蛛丝马迹中闻到当时人声鼎沸的气息，从今昔对比中感受华安经济和社会的发展。

福建华安，物华天宝，致富长安。如今华安已是世界文化遗产地、世界旅游目的地、国家森林公园、全国生态建设示范县、全国铁观音茶叶主产区以及中国绿色食品之乡、坪山柚之乡、观赏石之乡、民间玉雕艺术之乡和大陆高山族同胞聚居最多的县份。这里人杰地灵，英才辈出，其中有中国著名爱国作家杨骚，有"汤氏三杰"——著名导演汤晓丹、著名指挥家汤沐海、著名画家汤沐黎。这里物产丰富，美丽富饶，特色工业迅速崛起，生态茶业致富万家，城乡环境日新月异，路、水、电、通讯等基础设施配套完善，"华安三件宝"——华安土楼、华安玉、华安铁观音茶已扬名天下。这里已成为投资兴业的宝地、安居乐业的佳园。

轻扣历史之门，华安的古迹依然鲜活；紧握时代脉搏，华安的现在璀璨夺目。底蕴厚重的华安历史文化记录着华安经济和社会的发展历程，承载着一代代华安人艰苦创业、建我家园的梦想和追求。我们相信，在这片钟灵毓秀的大地上，16万华安儿女定会踏着先辈足迹，秉承先辈壮志，谱写出开拓进取、崛起发展的新篇章。昔日华安曾落后，今日华安大发展，明日华安创辉煌！

（作者分别为中共华安县委书记、华安县人民政府县长）

2009 年 9 月

探寻历史遗存

华安置县至今才八十余年，是全省最年轻的县份之一。但是，在 20 世纪 80 年代中期，通过文物考察，人们在这块土地上发现至少一万年以前人类活动所使用的石核、石片、砍断品和刮削器等类型的石器，被认为是闽台史前的重大发现，填补了福建省史前文化考古的空白。古龙溪县和九龙江名称则渊源于华安县源远流长的母亲河九龙江的北溪江段龙潭的美丽传说及典故。北溪在九龙江中享有显著地位，是华安人类文明发展的摇篮，衍生出独特的自然景观和众多的人文景观。华安是古闽越族的重要活动区域，这里有"千古之谜、江南一绝——仙字潭摩崖石刻"、"唐代兵寨遗址——马岐山"、"闽南一清——宋代道教遗址南山宫"、"宋代皇族迁徙地——银塘村"、"元明清古渡口——新圩渡口"、"漳窑古遗址——华安东溪窑"以及散落在各乡镇的具有重要考古价值的摩崖石刻和明清石刻等等。

华安县省级以上重点文物保护单位一览表

类别	文物名称	年代	地点	公布保护时间	备注
摩崖石刻	仙字潭摩崖石刻	殷商	沙建镇汰内村	1961 年 5 月	省第一批
古建筑	二宜楼	清乾隆	仙都镇大地村	1991 年 3 月	省第三批
古建筑	南山宫	南宋	华丰镇良村南山	1996 年 9 月	省第四批
古建筑	齐云楼	明代	沙建镇岱山村	2005 年 5 月	省第六批
古建筑	东溪古窑址	明代	高安镇三洋村	2005 年 5 月	省第六批
古建筑	二宜楼	清乾隆	仙都镇大地村	1996 年 11 月	国家第四批
古建筑	南山宫	南宋	华丰镇良村南山	2006 年 5 月	国家第六批
古建筑	南阳楼	清嘉庆	仙都镇大地村	2006 年 5 月	国家第六批
古建筑	华安大地土楼群（二宜楼、南阳楼、东阳楼）	清代	仙都镇大地村	2008 年 7 月	世界文化遗产

华安县涉台文物点一览表

类别	文物名称		年代	地点	公布保护时间
古建筑	赵氏宗祠		明清	丰山镇银塘村	2006 年 6 月
古建筑	四宝殿		明、清至现代	湖林乡石井村	2006 年 6 月
古建筑	玄天阁		清至现代	仙都镇大地村	2006 年 6 月
古建筑	追来堂		明、清	新圩镇绵治村	2006 年 6 月
古造像	平安寺石佛		明至现代	华丰镇梨仔坪	2006 年 6 月
古建筑与近现代史迹	董将军庙与慎德堂		明至现代	高车乡高车村	2006 年 6 月
古建筑	九龙三公庙		现代	华丰镇石门头	2006 年 6 月
古建筑与近现代史迹	新圩古渡口		宋、明清至民国	新圩镇镇区	2006 年 6 月
古建筑	高车雨伞楼		明、清	高车乡洋竹径	
古建筑	仙亭	桃津宫	元、明、清	仙都镇先锋村	
		七宝殿			
古建筑	郭氏宗祠		明、清	沙建镇上坪村	
古建筑	李氏宗祠六官公		明	华丰镇华丰村	
古建筑	陈氏家庙		明、清	沙建镇日新村	
古建筑	林氏宗祠		明	仙都镇中圳村	
古建筑	南山宫		南宋	华丰镇良村南山	
古建筑与近现代史迹	中美合作所华安班旧址		清至民国	华丰镇下坂村	

绚丽多彩的北溪文化　◎ 黄元德

　　清初，有一个明末遗臣名叫陈天定，此人官至太仆，为逃清廷追捕，隐居在华安县新圩镇华山村里，并开馆授徒。据说这个老先生知识渊博、治学严谨，有一年竟有18个生徒中了举子。一个偏僻的乡村，有这么多人中举，当时可谓盛况空前，于是名声大噪。陈天定有一个门生叫方进，对其师十分崇拜，写了一首歌颂华山之美、赞扬先生之德的诗刻在华山石上，诗云："入夜不知暑至，长年坐看花生。雾作山留混沌，仙来俗启文明。"这段故事一直是流传在华安老百姓中的佳话。

　　华山，原名花山。旧时候，要上花山必须沿着一条望天石径蜿蜒而上，石径两旁古木参天，花香四溢，真有点"自古华山一条路"、"百花吐秀争芬芳"的味道。登到山巅，入峡谷隘口，即见村落散布群山之间，田畴蒸云漫雾，花树交相辉映，由此我联想到从漳州出发入潭口后的触景感觉。如果说华山就是华安的缩影，那么，是否也可以这样想象，在明清时期，华安应是一个山的展室、林的故乡、花的世界、仙的去处。她集中了大自然所赋予的美丽和神秘，难怪华安有个乡镇的名字叫"仙都"。而生活在这块土地上的华安人民，其思想感情当然会朴实到像大自然一样毫无雕饰。当时，这对情如纸薄的繁街闹市和某些人来说，却成了"俗正人间奢矫情"。我想，从某种意义上说，这种"仙来"与"俗正"结合起来，绚丽多彩而充满个性特征的北溪文化就应运而生了。

　　当然，这不是说北溪文化始自明清，而是说北溪文化是北溪先民对自己人生的记录。而探讨"仙来"与"俗正"如何结合起来，这就自然

而然涉及先民赖以生存的江河了。北溪和西溪是九龙江的两大支流，因此，我以为北溪文化是九龙江文化极其重要的组成部分。古代江河是人类繁衍的依托地带，又是社会交往的重要通道。所以，人们称江河是人类的摇篮，是人类文化的发祥地。正因如此，北溪不但成为联结闽南与闽西的一条纽带，而且必然形成一条融闽南和闽西（也许更为广泛一点的地域）为一体的光辉灿烂的文化带。

北溪文化的各个侧面，这里首先介绍的是古石刻。北溪两岸的石刻不但众多而且珍贵，它记载了北溪人民创造历史、创造生活的轨迹，像一首歌，也像一团谜。沙建镇的仙字潭摩崖石刻、新圩镇的蕉林群蛇图腾石刻、湖林乡石井放牧图石刻、丰山镇龙潭文人题写石刻、华丰镇石门坑涡纹石刻、高安镇的星象图石刻、马坑乡草仔山的图腾石刻等等，有的已引起国内外专家的关注。特别值得一提的是被誉为"江南一绝"的仙字潭摩崖石刻。自唐朝以来，许多专家学者、文人墨客左瞧右看，引经据典，都把它称为殷商时期少数民族的图像文字。直到1986年，继陈兆复先生之后，我国岩画著名学者盖山林先生实地考察之后，在《美术史论》发表文章《福建华安仙字潭石刻新解》进一步剖析，仙字潭岩刻是画不是字。这一论断提出，引起学术界更激烈的争论。到目前为止，专家们争论的焦点已集中在岩刻的性质、内容、年代、种属、研究方法等问题，但对仙字潭岩刻的重要地位和历史价值的充分肯定，是一致的。尤其值得庆幸的是，由于仙字潭岩刻的争论，使漳州地区相继发现五十多个岩画点，分布之广令人惊讶，也发人深思。北溪文化与漳州地区文化，其源流关系到底如何判断？考古学家争论，这是情理中的事。

对于仙字潭岩刻研究，我觉得还有两个方面值得注意。一是，在仙字潭岩壁对面的小山包上已发现新石器时代遗址，并捡到新石器，在离

仙字潭两公里处的北山边发现燧石层和捡到旧石器晚期的石器，这一发现必然使人们对仙字潭岩刻又作出许多新的推测。二是，如若陈兆复、盖山林先生的岩画说观点成立，那么仙字潭岩刻研究在国际和国内岩画研究史上的位置将要重新作评价。

一处仙字潭岩刻已使许多专家学者搜肠刮肚，争论不已，那么上列的北溪诸多岩刻研究，当然更需要花费时日了。

　　土楼，这在当前研究民俗民居以及古建筑的学者中，也是一个议论的热门话题。而说起土楼，人们往往首先想到的是"客家土楼"。至于华安的圆土楼，那就鲜为人知了。我想这恐怕也是一个小误区。其实，华安的土楼，虽然为数不算多，但少而精。有方有圆，有的形似雨伞；有单元式有通廊式，有单元式与通廊式相结合；早建的在明朝，迟建的在民国；大的直径73米，小的直径28米，人们称之袖珍土楼。它们形态各异，争奇斗艳，有好几个堪称全国第一。全省上千个圆土楼中，第一个属古民居圆土楼的国家级文物保护单位就在华安仙都镇大地村，叫"二宜楼"。此楼建于清乾隆三十五年（1770年），楼高16米，圆楼直径73.4米，墙厚2.53米，建筑设计之科学，规模气势之宏伟，景物配置之协调，原貌保护之完好，都是第一流的，所以凡到过"二宜楼"的人都赞叹不已，称之为"神州第一楼"、"民居瑰宝"、"楼中之王"。我想，这许多赞美之辞不是廉价封号，而是有其道理的。此外，上坪三楼也值得一提。沙建镇上坪这个地方有三座明代建筑的土楼，就现在所知，也是绝无仅有的。"齐云楼"建于明万历十八年，"升平楼"建于万历二十九年，"日新楼"建于万历三十一年。三座土楼一椭圆，一圆，一方，三足鼎立，互为犄角。据当地人说，任你站在哪个山头上，都看不到楼内活动情况，真是别出心裁。齐云楼旁的粗壮石笋（生殖崇拜）使人产生一种原始的、通俗的、野而不文的亲切感觉。这三座土楼的牌匾刻石上，都明确标有年号，就目前发现的土楼中，它们分别是老大、老二和老三，是全国最古老的土楼了。

话还是回到北溪上。北溪两岸的土楼也是星罗棋布的，已倒塌倾废的不计，如今还完好无损的就有鹅山圆楼、利水圆楼、高登岩圆楼、黄枣圆楼、内垅方楼、大燕方楼，丰山镇还有个青砖方楼，等等。这些方圆土楼是北溪文化的重要组成部分，它们掩映在二十余万亩的林果竹之间，显得十分神秘而秀丽，这将在今后北溪旅游业发展中再现异彩。

漳州还有一个谜现在没有解开，这就是"漳窑"。"漳窑"一词最早见于清人郭柏苍的《闽产录异》中，说："漳窑，出漳州，明中叶始制白釉米色器，其纹如冰裂。"此外还有"绿东溪石榴蹲"、"三角足二耳东溪炉"等说法。那么漳窑在何处？1959年之后，龙溪专署领导曾召开会议，派出调查组，力图弄个水落石出，然而虽花不少力气却少有建树。当然，为了揭开"漳窑"之谜，考古工作者始终没有松懈过。直到1985年省市考古工作者才于华安县高安镇的下东溪发现窑址，之后于1986、1989、1990和1992年省市考古专家数次到下东溪实地调查，发现窑址面积竟多达10平方公里，挖掘出数百件瓷器（部分残件），也采集到不少精品。省考古队长栗建安先生发现在采集的标本上明确标有"东溪"二字。这一重大发现对于揭示漳窑本来面目可以说立了一大功。那么东溪窑是否就是漳窑？这个问题专家们还在探讨，还需进一步查据论证。但不管从哪一方面说，东溪窑属潭窑的一部分，这是确信无疑的。从发掘标本

看，东溪窑在漳窑中所占的重要地位也是毋庸置疑的。曾五岳和王文径先生在论文《华安东溪窑与漳窑》中明确指出："东溪头窑当为明清时期闽南地区已知的最大窑场，其覆盖面积之广，其烧造年代之长，其产品种类之多，流传之广，影响之大，均列漳州地区窑场之首，也是仅次于水吉窑、德化窑的大窑场。"原国家文化部文物局专家组副组长到县博物馆看到东溪窑标本时说："品种不比德化的少。"中国古陶瓷研究会秘书长叶文程考察东溪窑址后说："下东溪漳窑是很重要的窑口，米黄色标本仅此有之。"我想，东溪头窑址的全面发掘只是时间问题，而东溪窑在北溪文化中的地位、作用和意义，还不能说我们已充分估计到了。至于说东溪窑再现风采在旅游文化中的作用和意义，东溪窑产品在对外贸易上和支持月港繁荣的作用和意义，可能还少为人所认识。

有人说："华安文物有五宝，石玩土楼辇轿好。石刻瓷器都是谜，置县未久实古老。"石玩，指北溪石，现在称为九龙璧，这方面有专题书面材料，这里我就不细说了，只想引用20世纪初与黄仲琴先生同来华安考察石头的癸琳先生的一段话来说石头之宝贵。他说："华封之石，浴日沐月，昭阳息阴，炼以娲皇，劈以巨灵，遇风而凝，入水而精，故能旁肖诸形，上应列星。"

北溪文化是一种内容极其丰富的地域文化，它不仅包括如上所说的那些内容，被称为戏剧化石的华安县玉山白字戏、高安龙艺、湖林竹马戏、高山族和畲族的歌舞风情，还有古今涌现的许多政治家、文学艺术家、教育科学家，如杨骚、汤晓丹、钟振发，如此等等，都是重要组成部分，要说准它，现在我还力所不能及。所以有人说："华安文物，古怪稀奇，欲穷其理，如童猜谜，雅俗共赏，老少咸宜。"而这样精彩纷呈的人文景观和相当深厚的文化沉积层，镶嵌和分布在华安境内的107公里的北溪绿水青山之中，形成了华丰镇至湖林乡地段的深邃神秘意境，从华丰镇到新圩镇地段的险峻雄奇风格，从新圩镇到丰山镇地段的妩媚含蓄神韵。山水是这样变幻莫测，文物是这样古朴神奇，北溪文化实在是一部读不完的书。

◎ 缠绕于心的倾听与仰望　◎ 曾平顺

土楼对于陌生的人，它是让人感受与想象的。如果你只迷恋于奇山异水，那么最好别去土楼，正如宁静的周庄，她的魅力与价值在于如水一般的祥和与纯净，而不是瑰丽的风景。但土楼是奇特的，她的奇特总是让很多人忽略自身的兴趣与爱好，而不由自主地从远方涌来欲睹风采。

这几年圆土楼声名鹊起。也许是人最本质的亲近感，作为民居的一种，土楼的原生态最容易勾起人们对田野生活的追索与怀念。虽然在中国，大面积地掀起返璞归真、回归自然的闲适漫游之风也才那么几年，但越是原生态的民居方式人们越是好奇，越容易表现出回忆式的迷恋，仿佛自己的生活离这似曾有的淳朴已经很远了。其实这只是一种心的距离。在现代快节奏的生活方式里人们也需要舒缓的慢板，来释放隐藏的心灵。从客观意义上讲，散布在闽西南的土楼群落，尽管它们有的已经存在几百年，却因为现代人审美意念向传统与原生态复苏而在短短的时间内厚积薄发，散发出醇厚质朴的迷人气息，形成了学者专家研究土楼、城乡居民探寻土楼的热潮。

闽南土楼景象姿态万千，古拙淳朴，亦雅亦俗。只要你愿意，你总会在不经意间走进乡土味十足的田园世界。但无论哪一种方式，接近土楼是必须用心来度量的。如果有了思想的准备，位于福建华安县仙都镇的大地土楼群是你探寻与感悟土楼风情的必到之所。二宜楼，便是这所有圆土楼中集萃着最为典雅丰富的文化内涵、最为浓郁的乡居生活气息之宏伟、壮丽与精致的典范。

用现代的眼光看来，其实土楼的魅力首先在于它的诞生地。纵观闽南土楼群，无不建立于青山环绕之中。良好的生态环境必然与淳朴清静的生活状态相协调。二宜楼所坐之地，依山傍水，山岭烟雾缭绕，茶园葱茏，清泉甘洌，为"生气行于地"之势。建筑专家、民俗学者在勘探测量、理性分析后惊讶地发现，二宜楼以及相邻的南阳楼、东阳楼在选址、布局、建筑方法、构造上竟是如此合理与科学，于是产生了诸如"蜈蚣吐珠穴"的地理之说与"精构主义的胜利"之赞叹。专家们的考证与研究结果，促使圆土楼们迅速成为世界民居奇观。"圆楼意象"的提出也伴随着美学与哲学一同丰富了民居旅游观光的重要内涵，同时也给闽南山水绘上了美妙的一笔。

如果不带考究的目光，只带着一颗平静的心来，你收获的也许是一幅真实的乡村画卷，或者回到人类最初的生活本相。华安的乡村与其他地方其实也没有什么不同，不同的是这里的人，和这里的人们在生生不息中所创造的智慧和奇迹。也许圆土楼的创建者们从来就没想过要做出惊世之举，他们在封闭的山区苦心孤诣地营建家园时，首先想到的是安全，接下来才是家族的团结与繁荣富足的梦想。在二宜楼，这些延续了三百多年的生活情节依然最真实地在圆楼里展现着，并且不断地丰富和拓展。

但是二宜楼出名了。它的出名首先是因为它是圆的——圆通为旨，天圆地方。这种圆圆的土楼房不仅在偌大的中国少见，在全世界的民居中也是绝无仅有。1996年，它成了福建土楼中最早的国家级文物保护单位。二宜楼获此殊荣，当然还有重要的原因：一方面是它圆楼圆得大，直径73.4米，结构合理，设计独特而且保护完好；另一方面是它自身所蕴含着的令人赞叹不已的文化迹象与内涵。其中在二宜楼内共有壁画226幅、彩绘228幅、楹联163副、雕刻349件等，内容有山水、花鸟、人物，充满浓郁的生活气息和泥土芳香，特别是祖厅上的《第一家》和《九世同居》两幅彩绘至今光彩夺目，堪称精品。这些越来越多被挖掘和发现

的艺术潜质和精神物象，在众多文物工作者和专家学者的条分缕析中闪烁着神秘的光芒。它们无一不尽情地诠释着"宜家宜室"、"宜内宜外"、"宜文宜武"之"二宜"的含义。1999年闽南首届生态旅游节在这座土楼举行，盛大的庆典吸引来了无数的参观者。他们惊讶了，而生于斯、长于斯，日出而作、日落而息的楼里人却惊讶着他们的惊讶，于是圆楼里的生活在一阵阵相互惊讶声中频频曝光于装有胶片或没有胶片的镜头里。圆楼里几百年的生活虽然不是沉寂的，也有着欢声笑语、鼓乐喧天，但惊讶的表情所带来的人气与生机给了二宜楼里的人们更多的自豪与风光。他们开始幸福地居住在"神州第一圆土楼"的荣誉里。

然而他们并没有就此改变圆楼里的生活方式，依然正常起居，做事，干活，聊天，依然在独立单元的四层楼房里用空调发酵着茶的芳香。但他们的生活内容却从此丰富多彩起来，对于先祖们创造的经典之作也开始了饶有兴趣的解读与宣扬。大圆于天的土楼人是宽容和热情的。每有客人来，他们中就会有人主动帮忙介绍土楼的情况和他们自家单元里的壁画与彩绘。

其实二宜楼是神秘的。尽管那么多的专家学者对它的诞生与存在做了科学的解析，但它所派生出来的建筑学、地理学、美学、人类学内涵等有时也让人费解。我常常想，认识二宜楼，最适合的方法就是用倾听与仰望。倾听那团聚在圆形大楼院里的每一声话语，倾听楼板上回响着的清脆的脚步声，甚至你可以静静地站在大天井圆心石上，听自己的每一句心里话，让它们在圆楼里不停地回响和激荡，再随着你的目光飘向圆圆的天空。

应该说二宜楼表现出来的向心性和匀称性等特征，体现了儒家文化和道家文化的思想，实现着天地人"三才"合一的和谐景象。每一次走进它，我都不自觉地要把周庄与之联系起来。尽管这是两种完全不同的民居方式，甚至于风马牛不相及，但我隐隐地觉得它们之间有着共同点。它们一样有着悠久的历史，一样也在近几十年才被发现美的价值，一样也是首先引起外国人的注意。周庄是因为一幅双桥的油画，而圆土楼则是一张被误以为是核基地的卫星照片。前者是引起了惊叹，后者则引起了一阵有趣的惊慌。同为华夏民居，一个体现着柔和之美秀于江南，一个则以阳刚雄伟之壮立于山间。它们的美，是要用心品的。它们不需要人声的喧闹与鼎沸，却能盛情地接受心灵的旅行。

东溪古窑遗址 ◎ 九龙山人

东溪古窑位于漳州府龙溪县二十五都升平社（今为高安镇三洋村东溪头），窑地规模约十平方公里，集中在东溪中部，延伸至南靖县毗邻处，已在后坑寮、水尾、上虾形、吊拱、崩圩湖、扫帚石、洪门坑、橄榄坑、白叶坂等地发现窑口近二十处，并有大量堆积层，采集标本四千余件。《福建通志》记载"漳窑在漳州"，而《闽书》则把漳窑范围缩小至"龙溪东溪窑"。产品器形有炉、洗、盘、碗、盒、瓷像、花瓶、笔筒、笔架、鼻烟壶、杯、盅、匙、勺、水注和小件象生瓷等；以烧造青花为主，兼烧青瓷、白瓷、青白瓷、米黄瓷、酱釉瓷，另有少量三彩、五彩瓷。其中米黄色小开片弦纹炉、白釉三鼎足等被考古界视为是具有"漳窑"典型特征的器物残件。东溪窑遗址由县文物部门登记在册，其词条和照片先后被编入国家各种大型图书中。2004年3月被列为县级文物保护单位。2005年5月被福建省人民政府批准为第六批省级重点文物保护单位。

东溪窑遗址范围约十平方公里，重点保护范围是以牛寮、水尾、上虾形、下虾形、吊拱、崩圩湖、橄榄坑、马饭坑、东溪庵、桥头楼、蜡足坪、二分场、猪槽楼、后坑寮、牙松后、扫帚石、封门坑、白叶坂等20处窑炉遗迹和文化堆积层为中心，半径100米范围内。保护范围外延

【海峡二十七城市历史文化系列】

120米内为建设控制地带。

明中叶以后，民间的窑场迅速崛起，遍布沿海各地。地方窑场也顽强地生存下来，并且在陶瓷史上写下自己的一笔。漳窑遗址华安东溪窑就是其中的一例。据《福建通志》载，"漳窑出漳州"，"明中叶始制白釉米色器，其纹如冰裂，旧漳琢器者不及德化，然犹可玩，唯退火处略黝。越数年，黝处又复洁净"，所以这种器物一开始就被研究者们认为出自漳窑。而根据《闽书》记载漳窑在"龙溪东溪"，但这个"东溪"又在何方？长期以来文物界一直高度重视，故宫博物院为此派专人到漳州郭坑等地寻找过窑址，省考古队也曾为此走遍闽南的各个窑场，但均无结果。

东溪窑是民窑，烧造人为古龙溪二十五都内溪保（今华安县沙建镇庭安村内溪自然村）苏姓族人。所产产品担运至永丰溪（今南靖县龙山镇永丰村），也由上坪、上樟烧制瓷器，一并担运至北溪，再用平板船经九龙江的北溪、西溪分载于月港（今龙海县海澄镇），远销东南亚一带。

东溪头窑址于1985年首次被现代人所发现，1986年底文物普查，省考古队栗建安同志在华安县高安乡与南靖交界处的东溪头找到了一处烧造青花瓷的大窑场，虽没有找到漳瓷的标本，但提出了漳窑在东溪头的猜测。1989年10月，省文管会黄汉杰、市文化局文物科长曾五岳等人进入东溪头进行复查，因采集标本中有一些米黄釉瓷，有人疑此窑为所谓的"漳窑"窑址。根据以上线索，1989年11月底，华安县文博工作者林焘先生在高安文化站邹才金的帮助下，又进行了一次调查，1990年9月，承华安县人民政府、高安乡政府的大力协助，又再次前往勘察，后将标本送往国家级陶瓷专家鉴定，确定为"漳窑"产品无疑。1995年3月和1999年10月在省级专家的指导下，县文化局、县博物馆再次前往东溪头对遗址进行复查，并要求镇政府对其实施遗址保护。1996年12月黄元德

12

同志在考察遗址时即兴吟诗《再咏华安风物·东溪古窑》："东溪古窑藏珍奇，寻寻觅觅已多时。米黄冰裂成特色，完件碎片各英姿。守职保护此遗址，原貌再现众名师。往日繁荣山犹记，高安漳瓷醒有期。"2000年12月在上级文物部门的支持下，镇政府成立保护机构并划定保护范围。2006年12月至2007年2月，福建省博物院对东溪窑的两个遗址进行考古挖掘，发现其产品是我国重要外销瓷之一。

20年来先后有北京故宫博物院、北京艺术博物馆、中国古陶瓷研究会、福建省文物局、福建省博物院和日本、东南亚古陶瓷专家及考古工作者经过17次考察，现已断定华安东溪窑古遗址为"漳窑"的重要产地。

东溪窑规模大，文化遗存丰富，极具文化内涵，是我省最重要的明清窑址之一。

一、东溪窑窑场规模巨大，是明清时期漳州地区最大的窑口，也是我国东南沿海地区重要的外销瓷产地之一。

二、东溪窑烧造的延续时间长，产品类型丰富。其中上东溪窑大户地点采集到的春花排点纹、卷草纹碗，表明它是福建省最早烧造青花的窑址之一；在下东溪采集到的"漳窑"标本，器物精美，造型古拙，这种米黄色的釉小片器物有较高的艺术价值，是明清文人的珍玩之物，目前也为国内各大博物馆所珍藏。

三、近年来的国内外考古调查包括西沙群岛的水下考古发掘和东南亚地区沿海水下沉船发掘，均出土了大量的东溪窑产品。这些考古学的收获，为保证我国领土完整提供了有力证据。

◎ 江南一绝

——仙字潭摩崖石刻 ◎ 林艺谋

　　华安境内的古石刻众多，是北溪文物的重要组成部分，属史前石刻的主要有马坑乡草仔山蛇形石刻、石门坑涡纹石刻、石井小谷石刻、蕉林群蛇石刻、三洋星象图石刻、官畲石刻、生团仑石刻、上埔指向石刻等，属明清石刻的有龙潭摩崖石刻、花山石刻等等。在这些石刻中，位于福建省华安县沙建镇境内的九龙江北溪支流汰溪中游北岸的仙字摩崖石刻是福建省最古老的石刻。

　　仙字潭北岸高山耸立，山脚下是峭壁，高约三十米。峭壁上刻原始图像文字5处50字，各处石刻多少不等。石刻下端距水面约两米。几组古怪苍老的符号，凿刻在石崖上，线条洗练，极为活灵活现，似画又过于抽象变形，似字又别于传统观念上的文字。它想说明什么呢？看它，有的如王者坐地，有的如武士争斗，有的似舞女翩跹，男的孔武有力，女的婀娜多姿，有的却是人面兽身，匿身藏形，更有的像剑，像戟，又像刀。读它，除了"营头至九龙山南安县界"一处为汉字外，其他神秘的符号如"天书"，实难索解。这些石刻从唐代起就见诸记载，历代研究者不乏其人，但皆望"文"兴叹，人们说它"有文纵横如篆书"，"虫文鸟篆不可识"，称之"仙书"、"仙篆"。于是，此处便蒙上一层神秘的色彩，被认为是仙人留下的遗迹而称"仙字潭"。

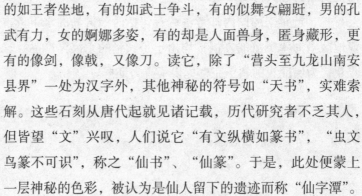

　　1915年，岭南大学黄仲琴教授到仙字潭考察，发表了论文《汰溪古文》，引起了学术界的浓厚兴趣。1961年，福建省文物管理委员会到仙字潭实地调查，将它列为福建省第一批重点文物保护单位。近代专家教授和文物工作者陆续作过研究，发表论文，探讨了石刻文字产生的年代、作者、内容等问题，华安县文史资料委员会汇编《仙字潭古文字探索》一书，对人们考究这一问题具有参考价值。

仙字潭石刻形状奇特古怪，有的像武士盘踞，有的似舞女翩跹，有的如人头兽面。图文的大小不一，笔画不整，深浅不同，它既非甲骨文，也不是金文。在断代方面，有的认为其年代属商周之际，有的推论其具体年代相当于甲骨文的前期，有的考据出现于战国晚期。2001年福建省博物院和漳州市文管办联合在漳州虎林山进行考古挖掘，发现很多陶罐上有人形刻画符号，这种符号可以和仙字潭摩崖石刻相印证。仙字潭摩崖石刻有多幅相似的人形图案，对这一石刻的研究甚众，但悬而未决的问题更多，对其时代和石刻主人的争论就是其中两项。虎林山人形符号的发现为解决这两个问题提供了参考资料，一方面它证明石刻的时代可确定为商晚周初，另一方面也证明石刻者就是活动在这一区域的浮滨文化的人。2004年10月18

日，县博物馆又在离原石刻227米处的临溪东岸岩壁上发现两个五组十图的岩画，约十平方米，使石刻的内容和面积得以扩大，研究课题的外延更具有意义。

这些石刻所表达的内容，是人们最感兴趣的问题，诸家之见也互有差异。"吴部落的酋长战胜夷、越、番三族称王纪功"的刻石，"商周时期福建南部地区土著越人部落间某一次规模较大的征战的全过程"，"汰内刻石，有出于畲族的可能"，"都是古代七闽的文物遗迹"，"疑即古代兰雷民族所用"，"或苗文之一种"，"仙字潭图像文字，可以说是台湾高山族最早的文字记载"等等，众说纷纭。仙字潭摩崖石刻是古代少数民族遗留的一种原始的象形文字。1986年，盖山林先生《福建华安仙字潭石刻新解》一文，提出新的看法，认为石刻"不是文字"，而"应属于石刻岩书"，使有关仙字潭摩崖的研究，又增添了一项令人饶有兴趣的内容。

仙字潭是我国东南沿海各省上古人民罕见的石刻遗迹，对于上古当地氏族生活的研究，以及考古学、古文字学、语言学、人类学、民俗学、社会学、古代史等学科，都具有学术价值。目前，对这个"海内奇珍"的研究探索，还在继续进行。总有一天，人们将会揭开仙字潭神秘的面纱。

探寻历史遗存

◎ 闽南一清南山宫 | ◎ 黄元德

南山宫为道观，始建于南宋恭宗德祐元年（1275年），明英宗正统六年（1441年）和孝宗弘治十五年（1502年）相继维修。明太仆陈天定于顺治元年（1644年）流寓此宫两年，亲题匾额，改"圣祖大仙"为"德茂天初"，意味深长。宫奉圣祖仙妈和都统舍人神像，有签诗36首，据传为陈天定所作。南山宫之建筑，传统文化含量丰富，山水相映，很有特色。

南山宫坐落在福建省华安县良村乡南山腰，山脉峰自佛女尖，经千米福鼎尖、九龙廊、南安头，下火烧麒麟峰，到南山收尾，飘逸透迤上百里。宫前山下有云水溪弯曲飘然而过，宫后有巨大石族，其形如钟，纹理似山，敲石音响若钟，数里可闻，故称石铜钟。下有石龙宫，祀盘古、神龙二神，木雕神像，肥大丰腴，据传为宋时遗物。九龙廊上有天地，周围有异竹，称"倒插竹"，池有"四脚鱼"。民间称南山宫地理格局为"群峰叠翠拥道观，北枕西岳下南山。右傍凤凰笔架岭，左腾青龙碧玉楼。两垂角带胭脂美，中局伟岸万人参。百里回水如飘纱，清泉煮茶味自甘"。宫中靠神龛1.2米的中线处地面有一圆洞，可听到突突泉声，甚为神奇，这可能与道家所推崇的水的特性有关，所谓"天下莫柔弱于水，而攻坚强者莫之能胜"，即"柔弱胜刚强"。因其水清泉甜，永不枯竭，故有"一清南山宫"之誉，又因名山胜水，道宫济善，古今都有人在宫中过夜"圆仙梦"。南山宫与石龙宫香火甚盛，神像常被信士请到家中供奉，甚至有"北盘古南仙妈"之称谓。

南山宫为宫殿式木构建筑，道宫基盘近正方形，基盘上竖有38根木柱，四周均设走廊。宫内呈正方形，有彩绘天花板，正中是一圆锥形旋式藻井，藻井的斗拱计99个，上置八卦太极图，蕴涵天圆地方之意。殿堂四根红漆梭形木柱，有云龙和八仙彩绘。宫内外木壁墙上均有彩绘，殿内墙有21幅，图画清晰可见。从剥落的画看，现存的绘画是重修时覆盖上去的，那么原貌是什么样的？这给美术理论学者和宗教学家提供了一个很好的研究场所。殿外墙图像已模糊不清。宫中木作构件、挑梁椽榫较为古朴凝重，装饰构件相当简约明快，叠脊间的斗拱作水波状，往下弯曲，别具一格。屋脊饰飞禽走兽、花草树木、人物故事，重檐叠脊，翼角飞举。南山宫现存建筑风貌，镌刻而不镂空，简约伴以细雕，典雅透露庄重，基本上属明清风格，唯木柱及基石雕琢粗糙古拙，古建筑专家认为是宋时旧物。

南山宫今仍存长方形蜈蚣旗计13面，每面长度8.8米，宽1.4米，每面旗的一面计绣有124个人物，均以五彩金线绣成，富丽堂皇，庄严凝重。1993年我省与菲律宾开展文化交流活动，其中两面蜈蚣旗赴菲律宾展出，甚为轰动。蜈蚣旗为"新源春绣庄"所刺绣，这不仅为我们探寻华安与泉州文化渊源关系提供了有力物证，也为研究闽南地区刺绣工艺的历史发展提供了宝贵的实物资料。南山宫现存的另外一个宝物就是銮轿，也称辇轿，共有两顶。每顶轿高度2.14米，四边长均为0.96米，为方形。内外有三层雕刻，计雕有331个人物、16条苍龙、8只彩凤、28头雄狮，还有许多花草树木、飞禽走兽，构思巧妙，工艺精湛。据传每顶轿要用几十两黄金研末粉饰，师徒两人要花一年两个月的工夫才能完成，足见用工之精细，工程之艰辛，花费之巨大。迎神赛会时，一面旗需15个壮汉轮流扛举，一顶辇轿要12个壮汉轮流扛行，配以上百根响铳，出行时鼓乐喧天，炮声隆隆，队伍浩浩荡荡，气势非凡，为民俗活动中一大奇观。南山宫春秋两度庙会，各家各户都要以丰盛的餐食排至宫前，招待香客，食品以食尽为荣，反映国泰民安，五谷丰登，为民俗一大特色。

南山宫的地址选择、建筑构思，充分体现了道家的"域中有四大，而人居一焉。人法地，地法天，天法道，道法自然"的意念。2006年南山宫被列为第六批全国重点文物保护单位。

◎ 亭亭玉立玄天阁 ◎ 黄元德

当我们进入华安仙都镇大地村地界时，一座规模庞大的圆土楼赫然入眼，这就是名扬全国的"二宜楼"。圆土楼背后，有一座形状奇特的山峰，在云雾飘绕处，可以隐约看到两块巨大的平顶岩石若即若离。人们称这座山为"杯石山"，称这两块巨石为"交杯石"，不知是说情人在交杯，还是说仙人在对饮？由杯石山峰顺势而下，一边是达摩岩，一边是金星角。在金星角的山尽处，拔地而起的是一座风韵独特、雄秀相融的道观——玄天阁。

玄天阁坐东南，背靠达摩岩，面西北远视九龙廓，右靠金星角，左邻嘉应庙（已圮）。三面空旷，一面依山，如若将金星角喻之为李天王的巨臂，那么，玄天阁便是天王掌上之宝塔了。玄天阁之基盘全部以花岗岩条块石从山脚平地叠砌起来，从田头地面至基盘地面近10米，高3.44米。玄天阁为木构宫殿建筑，分两层，高12.66米。屋脊翼角鸥吻高张，脊面饰以花卉鸟兽，脊上置有双龙戏珠，屋面覆以黄色瓦瓴，色彩庄严绚丽，气派非凡。一层和二层四周均有回廊，二楼回廊雕梁画栋，彩壁丹青配以联对题咏，超然脱俗。站在回廊上，眺望四周：重峦叠嶂，林海如涛；河道交错，飘柔如练；田畴漫延，五谷若织；村舍错落，景观似画。玄天阁一层供奉清水祖师和土地神，二层供奉玄天上帝。玄天上帝神像高近一米，头戴金冠，一手握剑，一手搁膝，一脚踩龟蛇，一脚踏灵兽，法相庄严。神像头顶上有旋式藻井，仰首而望，斗拱灵动，颇为壮观。藻井顶部置蟠龙木雕，鳞甲森然，俯首下窥人聆听法旨状。

据载，大地村玄天上帝神像自元朝起就坐镇在达摩岩寺中，与释迦牟尼佛像并列，因佛道异源，乃由大地村民借土地庙址，鸠资筑阁，于雍正乙卯年（1735年）闰四月上梁，乾隆丁巳（1737年）十一月落成，至今有260年历史。这其间历经三次较大维修：一是道光甲申年（1824年）由印尼华侨捐资修葺，二是民国6年（1917年）由印尼华侨蒋先生捐资维修，三是20世纪80年代由华侨蒋先生、刘先生、林女士等集资重修。

玄天阁虽经多次维修，仍保持原貌，由此可见当时建筑者精工细作、匠心独运，给后人留下一份值得珍惜的建筑艺术品。玄天阁的选址十分考究，人力所为与天造地成紧密结合。从一个角度看，它是从田间筑起，有孤枝独秀之姿；从另外一个角度看，它连着金星角，有山势飞扬之美；再换一个角度看，有四周空灵之感；再换另一个角度看，有大地维藩之实。两百多年来，玄天阁这样一座玲珑高耸的木构华阁竟然不毁不倒，足见民间建筑师技艺之高超以及老百姓对自己的艺术品的爱惜。这其间蕴藏着的许多品质和精神是很可贵的。楼阁的建设者在玄天上帝坐像门上挂了"小当山"的匾额，说明他们当时尽管费尽心思，但也不敢与武当山相提并论，自称"小"字辈，也算有点君子风度。当然，人们对自己心血凝结成的艺术品总是珍如掌珠，所以建筑者最后还是在柱上刻了这样的对联："一登斯楼居然大地维藩，何必均州乃见武当胜概。"玄天阁能得以完好保存，是与寓居异国他乡的华侨息息相关的。近年来，它又成为海峡两岸民间交流的一条纽带。炎黄子孙，我们的情感相连，呼吸相通，真是物兮情之所系，祈之心魂归兮。

玄天阁以其历史和艺术价值，1985年被县人民政府列为文物保护单位。这里，人们可以在春夏秋冬旅游和朝圣中得到美的享受和心理上的满足。

探寻历史遗存

◎ 格高神秀华安玉 ◎ 郭小兰

风华绝世

"初二日，下华封舟，行数里，山势复合，重滩叠溜……"华安，就这样被定格在1628年的《徐霞客游记》里。

"十七日，下舟达华封。十八日，上午始抵陆，渐登山阪，溪从右去，以滩高石阻，舟不能前也。十里，过山麓，又五里，跨华封绝顶，溪从其下折而西去。遥望西数里外，滩石重叠，水势腾激，至有一滩纯石，中断而不见水者，此峡中最险处……"这是徐霞客1630年8月再次游历华安的日记。在第一次领略了华安水路的急险之后，这次，他选择了沿溪的陆路，俯瞰江景。这位伟大的地理学家、旅游家何以对华安如此情有独钟呢？

"瞻彼淇奥，绿竹猗猗"，徘徊在华安的碧水翠竹间，片刻之间洞悉了千年之前那个豆蔻少女为她"如磋如切，如琢如磨，如金如锡，如圭如璧"的心上人而柔肠百结，辗转反侧，寤寐思服的美丽的哀愁。

"十亩之间兮，桑者闲闲兮，行与子还兮。十亩之外兮，桑者泄泄兮，行与子逝兮。"绿意盎然的村庄，屋舍俨然，炊烟袅袅，古树桑麻环绕其间，如此的田园风光画卷中，即便是寻常阡陌，也能让人瞬间领悟男耕女织平凡生活中的幸福。

脚踏仙字潭的碧波，高悬于崖壁神秘玄幻的符号，是一个世人无法猜透的千古之谜，吸引着诸如郭沫若等历代文人墨客慕名而来。碧水之上，蓝天之下，空谷回音，万山和鸣，荡气回肠，悠扬的、清脆的、动人的、款款而来的高山族山歌沾着水汽的氤氲直入你的肺腑，所有瑰丽的传说亦在此找到了合理的背景。神话，似乎只不过是随时都可能上演的现实。

徜徉在北溪的碧水青山之间，巧夺天工的华安玉石走廊，更让人领略了树与石交融的奇异景色，让人在恍惚间走进了《红楼梦》中的警幻

幽兰逢春

宫中岁月

仙风道骨

仙境里，去缔结一段"木石前盟"的千古奇缘……

华安，是一个在尘世中寻找千万度而不遇的世外桃源，是藏于心灵深处的一个温婉的梦。在这个梦的尽头，注定会有一个奇异的邂逅。

天 地 精 灵

"华封之石，浴日沐月，昭阳息阴，炼以娲皇，劈以巨灵，遇风而凝，入水而精，故能旁肖诸形，上应列星。"——这，就是华安玉了。

华安玉，又称九龙璧，孕育于距今2.5亿年的古生代二叠纪，诞生于距今1.6亿年的中生代侏罗纪，经过九龙江急流千万年的冲刷、拍击、激荡，历经火的熔炼和水的淘洗，吸日月之精华，聚天地之灵气，成就了它斑驳陆离、绚丽多彩的奇质。民国初年岭南大学黄仲琴教授在其所著《华封观石记》、《华封观石后记》中予以华安玉"五色斑斓，嵯峨万象"的评价。

　　它是宇宙巨变、岁月沧桑的见证，是华安古老灿烂文明的结晶，是沉睡于华安山之巅、水之澳的一条卧龙。早在一万多年前的石器时代，远古人类就已经开发利用华安玉。有专家认为，华安仙字潭摩崖石刻就是古人用华安玉为工具雕刻而成的。清代漳州知府曾以茶烘石（即今之华安玉）作为石玩珍品进贡皇家，至今仍收藏于北京故宫。

　　古语云，"玉不琢，不成器"，任何好玉石，均需经过独具匠心的雕琢，才能赋予其形状与灵性，才具有收藏的价值和魅力。虽有华安玉中的幸运者——奇石，历经千年的沧桑风雨雕琢，焕发其独特的神采与风韵，令世人惊艳，但华安玉中的"主力军"，因其构造致密，质地坚硬，加工难度大，令历代无数治玉名家望玉兴叹。因而岁月漫漫，华安玉虽风华绝代却知音难寻，黄仲琴教授也因此发出"璞不长埋，其留有待"的感叹。

　　近年来，随着科学技术的飞速发展，勤劳聪慧的华安人，不负前人的厚望，利用现代工业技术，创造了独特的华安玉加工工艺。华安玉在经历了上亿年的沉寂之后，终于大放异彩，名列"中国四大名玉"及"中国十大候选国石"之榜。2005年5月，华安县被国家文化部命名为"中国民间玉雕艺术之乡"。

　　华安玉这条沉睡的卧龙终于苏醒了，承载着华安灿烂的历史和辉煌的未来，腾云直上。

◎ 平 安 寺 ◎ 黄元德

这是一个神奇又神圣的地方，在这里人们可以感受到一种莫能名其状的真善美，可以感受到舒心的祥瑞、安顺与和谐。

大凡到了华安，人们都会急匆匆地到平安寺去瞻仰明代石雕如来佛造像的风采，都会听到为保护文物矢志不渝的动人故事，都会为佛祖所处的优美自然环境——青山叠翠、曲水回环、奇石环立、田舍如织、云蒸霞蔚、天造地设的美景胜迹所倾倒。

平安寺地处霞苑（今称下坂）云水溪畔，为霞苑李氏所建。寺供祀如来佛祖，石像身高2.08米，腰围2.08米，立于高0.2米的莲花座上。如来佛祖面部丰腴慈祥，法相宽厚庄严；慈眉善眼，笑容微露；左手捧珠当胸，右手垂直印地；衣袖飘逸，栩栩如生。望着神像，我不禁思绪万千，浮想联翩。首先，想到的是霞苑的李姓。据族谱载，霞苑李派为唐开国元勋李靖之孙李伯瑶系，伯瑶佐归德将军陈政、陈元光父子入闽，为建置漳州立下不朽之功绩。伯瑶有子13人，"皆以军功授职为团练使，分守福建各地"。霞苑开基祖李政一为李伯瑶之后裔，政一有兄弟六人，他于明洪武元年（1368年）由龙岩宁洋入霞苑开基。经百余年的艰苦奋斗，传至七世孙李彤时，霞苑李姓已聚居霞苑、赤溪、兴洋坂、草坂、华丰，还遍布北溪沿江银坑、绵良、银和、西陂以及漳平的大杞、小杞、涵口等村落中，枝繁叶茂，成为大姓望族了。

文林郎李彤于明弘治九年（1496年）在"茶烘"创建"缵德堂"，这是一处家庙加民居的建筑形式。宗庙雕梁画栋，气势雄伟；民居九厅十八房，洋洋大观。明嘉靖甲申年（1524年）李彤又倡议建霞苑"万世瞻依"祠堂，系北溪李氏"开基始祖"总祠堂。祠堂富丽堂皇，面积达1537平方米。祠中对联说："瞻仰前徽，义种礼耕，祖训昭明恢世德；依归后裔，子贤孙肖，人文蔚超振家声"；"陇西九德宣太庙，万世傲骨扬志；霞苑三阳启宗室，瞻依拓武经文"。由此思及，霞苑李不仅为山区带来兴旺的人丁、繁荣的经济，也带来了中原悠久而璀璨的文化和

探寻历史遗存

艺术、丰富而鲜活的民间信仰和习俗。

慎终追远，兴祠祀祖，这是一种不忘血脉根本的表现，而立庙建寺，敬奉神明，无疑是一种心理追求和心理状态的外露，是一种民间习俗与信仰。在这种心理驱使下，他们先是在霞苑旧岩滩鲤鱼吐珠穴

兴建龙安岩庙，以祀奉三代祖师、观音诸神，也在云水溪岭边东侧蛇形仑建寺，祀奉如来佛祖以保境安民。平安寺建成应在明嘉靖三十三年（1554年）之前。因为这一年，邑侯林松倡议建云水溪桥，义士黄宗继积极捐金响应，庙已先于桥而存在。我想在建桥过程中，李姓应是中坚力量。往昔人们常说黄宗继造云水溪桥，明泷水县令郑复撰《云水桥记》，文中只字未提李姓。我以为郑文意在褒扬义士黄宗继母子的善行义举，云水溪桥又是邑令林松托其主事建设，故文中显主干黄宗继事迹，而其他则作为枝蔓被删除，这是行文之省略，非事实全貌。在建桥过程中，采集巨石雕刻如来佛像，这当中恐怕不仅是黄宗继的主张，也有霞苑李氏的意见。拱桥形同七星联珠，桥的东西两头立塔以障水口，桥中建亭祀观音，蛇形仑寺中立新雕如来造像，桥、亭、塔、庙、佛像构成一个完整的建筑群，表达了一种民间信仰，充分体现浓厚的中原文化色彩，与他们在李氏庙堂寄托的感情是一致的。

如今，平安寺背倚青山，前望城关，往日凋敝的农村旧貌、行旅畏途已被阳光满地、幸福如意的山村画卷所代替。平安寺更显出雄伟壮观、气度非凡之感，盘龙青石浮雕形态逼真，装饰彩绘之人物景致、飞禽走兽、奇花瑞草等工艺甚美。

这真是：云水缥缈入龙江，筚路蓝缕志无双。霞光苑花相映趣，长歌嘹亮自秦腔。

◎ 走进二宜楼 ◎ 黄元德

　　我的故乡可以说是土楼之都，在1315平方千米的县境内，分布着大大小小、各式各样、年岁不一的或圆或方的土楼。它们与山水相映，人们世代在这老巢里盘算一年的丰歉，喜忧参半地听着落地呱呱啼叫的婴儿声，往昔的苦涩像尘泥一样封存在古老的土墙里。

　　华安的老百姓对于如城似堡、非寨非寮的土楼似乎情有独钟。民居土楼，和老百姓一样平凡、普通，日出而现，日入而隐，周而复始，默默无闻。虽然人们深感其封闭、嘈杂、陈旧，但一种传统的心理定势仍使人觉得如小孩对待老祖宗身上破旧的大棉袄，包裹在内，血脉相通，暖在心头……

　　20世纪50年代初，有一座土楼竟然家喻户晓，相当风光，这就是良村乡大燕"河东楼"，俗称大墘土楼。河东楼是座三层大方楼，前后对角建了碉堡式的角楼，俨然像两个不可侵犯的卫士。土楼后倚高山，前临梯田，下横溪流，左右两山围护，楼民都姓黄，他们称楼建于明朝。村名大燕或因山、楼如飞燕而得。河东楼之出名，不是因其环境秀美险要，也不在于其土楼本身构建奇特，而是一帮匪徒企图凭楼固守，被政府兵民一举全歼，民以害除而振奋，楼以民胜而扬名。

　　直到20世纪80年代初，陆陆续续有专家学者来考察，二宜楼才像一颗夜明珠从地底下被挖掘出来，人们被其绝伦风采惊得目瞪口呆。1993年10月7日，国内和美国、日本、新加坡、香港等国家和地区的文物、古

建筑专家和教授二十余人看到二宜楼都拍案叫绝，为之倾倒，连声赞曰："妙哉，世界级土楼也!"

是的，我们应该纵情地赞美二宜楼：它不愧是中国古代民居的一个典范杰作；它在人类建筑史上留下一段重彩华章；它如此深情凝重地追求着人与自然的完美结合，容纳伸张，如诗如画；它像一部历史教科书，演绎人生。

在接触二宜楼的一刹那，我们首先感觉到的就是它形体独特，圆通为旨。他们把楼的形体定为圆形，以应古人"天圆地方"之说，圆为乾为天为阳为通，可循环反复，周而复始，无穷无尽。从建筑美学看，圆没有死角，线条柔顺美丽，造型生动别致；与周围环境映衬，主题突出，楼是曲线，峰是曲线，流水是曲线，花鸟鱼虫也是曲线，直线在这里是曲线的陪衬，曲线之美使人眼花缭乱。值得玩味的是，外观以圆为主，内侧却以直为主。窗、门、栏杆、隔墙都是直线的，似乎在告诉人们待人应和谐亲热，内心应忠直诚实。二宜楼主人蒋士熊得意之余，似乎还感到不满足，仍有遗憾。于是到清嘉庆丁丑年（1817年）蒋士熊的四房孙蒋经邦和三房孙太学生蒋宗杞相继于二宜楼旁建南阳楼和东阳楼。南阳楼为三层圆楼，楼直径51.6米，通高13.25米，分4个单元，计96个房间；单元式与通廊式相结合，是二宜楼的缩小。楼后一片古松使圆楼氛围更为凝重。毗邻的东阳楼为方楼，它比南阳楼迟建八个月。楼体面宽45.81米，纵深26米，通高11米，为两层土楼，主楼分前后落，中有天井，住房36间，厅4个，楼外两厢各建护厝计15间。整个建筑主次分明，符合《地理经》所说"前低后高，子孙英豪"的格局。至此，大地村土楼群布局已完成，形成一个大土圆楼，为祖楼，两个小土楼，为子孙楼。

两小土楼圆为乾为男，方为坤为女，可谓天地和衷，子女齐全。

　　注意阴阳和谐、刚柔相济，即人与自然之协调、人与社会之共济，这是二宜楼构筑体现的第二个观念。你看，楼外骄阳白云，阳气十足，进入大门，即是宽敞过道，中有一天井，虽见阴，亦见阳，阴阳交融，人经过道，微风轻拂，有舒服之感。再进去便见一层内通廊，家人围坐议事闲谈，笑语盈耳，愉情布面，显得生机盎然。内通廊下便是一个圆形大天井，天井以河卵石铺砌，大圆之中密布小圆，如星星叩月，寓意子孙满堂。天井中有错开的两眼圆井，若太极图中二鱼之眼。令人不解的是，这两口圆井水温却不同，南高北低，测之相差近1℃，名副其实的一阴一阳。阴阳在此大天井中出人意料地结合起来。更令

人惊讶的是，天井圆心置一大圆石，称响鼓石，在此发声，四周回应。我想，北京皇家御苑有回音壁，而二宜楼是百姓之家，也有回音石，到底壁重还是石贵？壁石之间是一种相生迹象吗？由响鼓石向四方以河卵石砌出12条射线，对着12个单元，预示土楼之人家有福同享、荣辱与共之意。

　　由大天井进入各家，先入平房，然后经过道小天井，再进外环楼房室，外环楼各层每单元都有各自梯道上下进入各层走廊，走廊米许高，又出挑梁，成一小阳台，空气流通，阳光普照。土楼本身就是阴阳结合体，素有"冬暖夏凉"的特点。土楼单元式居家是封闭的，有利于保护隐私，而通廊、聚族而居的形式却是开放的，便于交流。这里处处充满一种原生的阴阳结合气息，春夏秋冬好景美不胜收，日夜晨昏顺心接踵而来，可谓美好居家。这种阴阳和谐对于维系血脉，巩固族居，无疑是提供了良好的环境条件和激发同族凝聚意念的动因。所以，两百多年来，二宜楼内部从未发生过重大的争斗、分裂事件，流传更多的是邻里互助互爱、族人和睦相亲的故事。古人所说的"千金买邻，八百置舍"，说明邻里之宝贵、人际关系的重要，而良好关系在土楼这种特殊民居形式中得以实现，成为土楼一大特征。今日我们参观二宜楼，不管从正面侧面外观内看或仰望俯视，无不为这大大小小的圆、宽宽窄窄的圆、层层叠叠的圆而感动，这无疑是一首圆通变奏曲，充满泥香野趣。而这些横向

的圆的线条与各单元的隔墙、木栏杆、门、窗等的竖线条结合，像是一曲长长的五线谱。这音符是二宜楼主人对空间分割技术的理解、把握和演绎，一圈圈、一竖竖黄钟大吕交响，好像一重重海浪叩岸，浪花肆意飞泻！

走进二宜楼，长幼有序、平等相处的理念随处可见。全楼公共祖厅安排在与大门相对的四层，这是全楼最佳最高的位置，可谓高高在上，而各房祖厅分置各单元的四层。祖厅居最高层，说明晚辈对长辈之尊敬景仰；共同祖厅居中，各房祖厅分列左右，说明长幼有序，一脉相承。从响鼓石射向12单元的射线是等分的，说明蒋士熊的六个儿子是平等的。当时兄弟分房标准，现已不得而知，但从各房住处看，每房分两套房子，而这两套房子是岔开的，并不相连，说明每房所得房子各有优劣，没有倚重倚轻，祖宗是一视同仁的。至于今后各房发展如何，那只能视各人作为而定。蒋士熊在建房时已预见到今后儿孙的发展可能不一样，于是在大门内侧，从二层至四层均置木屏风，力图使荣辱在圆里滚动，有福同享，有难同当，但这只是一种理想而已，实际上并不如其所愿，因为后天之努力往往起决定作用。据传建土楼过程中，蒋士熊的六个儿子，有的相当勤勉，埋头苦干，从不抱怨；有的拈轻怕重，挑三拣四；有的边干边发牢骚，指桑骂槐。蒋士熊是个明眼人，当然看得一清二楚，他没有责怪任何人，只是时时加以劝导：勤能补拙，劳动是根本，勤奋抵万金，善人荫子孙。正因为如此，二宜楼才能以一流业绩而大功告成。二宜楼子孙最小的辈分已达26代，蒋士熊派下子孙多达四千余人分居海内外，相当多的人学有所成，家大业大。当然，家业有成，对社会有所贡献，这里饱含着人生道路的坎坷、生活的艰辛和对理想的不息追求。

写到这里，我不由地想起1984年1月18日专家学者考察二宜楼等土楼时，笔者仿闽南古民谣写的一首诗，现抄录如下，作为本文的结尾。"月光光，秀才郎，到漳州，过银塘。峰回又路转，急急伴忙忙。为睹土楼真风采，千辛万苦又何妨。北溪处处留胜迹，仙都二宜著华章。展姿群芳斗艳场，红粉佳丽失平常。山水相映巧构筑，登堂入室喜亦狂。奇葩一朵看不尽，冷落东阳和南阳。上坪三楼三别裁，雨伞高撑好乘凉。专家言辞无夸饰，满屋春意闻花香。深情仿唱月光光，寒风习习歌亦亢。"

◎ 万历三楼 ◎ 倚年

齐云楼

　　万历三楼分别位于华安县沙建镇上坪小盆地中的三个毗邻行政村——岱山村、宝山村和庭安村。齐云楼建于岱山村中部突出的山丘上，削峰而造；升平楼位于宝山村；日新楼则建于庭安村南侧的山峰之上。三楼坐向相对应，齐云楼大门朝南，升平楼大门朝东南，日新楼大门朝东北，遥相呼应，成三足鼎立之势。

　　齐云楼建于明万历十八年（1590年），平面呈椭圆形，系目前福建省发现的最早的有明确纪年的圆形夯土楼。东西向长52.7米，南北向长64.8米，占地面积约3400平方米，为单元式结构，共分成28单元，每单元一至三开间不等。内外两环，外环两层，内环平房；楼墙底层石砌，二层夯土。楼有三门，大门朝南，西门曰"生门"，东门曰"死门"，楼内嫁娶从生门进出，殡葬由死门进出。齐云楼为福建省第六批省级文物重点保护单位。

升平楼

日新楼

升平楼始建于明万历二十九年（1601年），平面呈圆形，直径45米，占地面积约计1600平方米。升平楼为单元式结构，共分成20个单元，每单元一至五开间不等，在外墙一层均设有"藏兵洞"。主楼分内外两环，外环三层，内环平房，楼外墙全部用花岗岩条石砌成。楼外围有护厝平房，主楼外墙在四个方向各筑一耳楼，大院用条石铺成独特纹样，此建筑系仿山区碾米用具"土砻"而建，形制特殊。升平楼为华安县第六批县级文物保护单位。

日新楼始建于明万历三十一年（1603年），平面为长方形，总面阔92米，总进深64米，占地面积计5888平方米。楼内分成南北向的三排建筑：第一排为进深一间的平房；第二排建筑两进；第三排建筑同为两进，第二进为三层楼房。各排建筑和四周有街巷相连，楼四角各设耳楼，高三层。此楼毁坏较多，现仅第一排建筑保存较为完整。用花岗岩刻的楼匾及记事碑刻、题联等保存较为完好。日新楼遗址为华安县第六批县级文物保护单位。

神奇的古兵寨 ◎ 郑跃辉　黄阿彬　蔡明进

在距离素有"千古之谜"、"江南一绝"的华安县沙建镇仙字潭约三公里处，也就是在九龙江北溪汰溪下游的小山头上，在参天大树之间坐落着一座古兵寨建筑——汰口寨。它虽然历经六七百年以上的风吹雨打，但仍然保留原始的兵寨建筑风貌，与山脚下近年来的现代化住宅形成鲜明对比。这里不仅自然风光优美，而且有着悠久的建寨历史和丰富的文化底蕴。

汰口寨古称"桃源口古寨"，又称"全保楼"。漫步古寨，映入眼帘的许多大树枝繁叶茂，郁郁葱葱，将古老而神秘的古寨若隐若现地包围着，为这个小寨增添了几分神秘色彩。

古寨的神奇魅力首先在于其独特的地理位置和兵寨建筑风格，它坐落于一座龟形山上，三面环山，一面临溪，长约84米，宽约46米，建筑面积约3800多平方米。山寨正门上方赫然写着"全保楼"，后门则无题字，侧门写着"百谷朝宗"四字。从正门进去，便是鹅卵石铺就的通廊式庭院，俗称"天街"。两侧是各两排的房子，内侧是20间对称的平房，外侧是上下各22间的两层楼房，形成错落有致的建筑布局。整座楼内"三条巷道四排房子"，被称之为"地巷"。

这种建筑结构，为尔后的仙都镇大地村二宜楼的建造提供可参考的"典范"，据说当时蒋士熊建造二宜楼，曾经走访沙建镇岱山村齐云楼及汰口寨。由于整个建筑恰似一个大"印章"安放在一只巨型乌龟上，形成独特的"金龟背印"，寓意吉祥如意，长寿安康。这种兵寨建筑，在抵御外敌入侵时，寨民可以互相走动，自如应战，在安全方面起了关键作用，可谓"一夫当寨，万夫莫开"。

楼内雕刻麒麟的古石窗和古石臼、冒烟的农家灶台，显得古老而沧桑。

整座楼被周围茂密的樟树、白荷、松树、榕树等近千株参天古树包围着，形成一道道独特的防风林。十多年来，这里引来上千只白鹭长期在此栖息，安家落户，也使古寨历经岁月更迭仍屹立在风雨中，抵御了多年来各种自然灾害的侵袭。据当地庄瑞珍老人介绍，20世纪60年代古寨曾遭遇一次八级台风，但只是部分瓦砾被吹落，其他建筑完好无损。

独特优美的自然环境和建筑风格，吸引了厦门、漳州、泉州等地游客慕名而来游玩，也使得外地"庄氏"宗亲前来寻根谒祖。据汰口寨青阳庄氏公望二房四世均和系谱记载，古寨距今六百多年历史，是南宋末期江苏淮阴总兵13世祖庄公望的后代，庄公望归西后，部下一行九人沿九龙江北溪上溯至此，看中地理环境后，用银两购买了汰口寨的土地。

如今，整座古寨共有216间房间，居住着80来户、300多人，大部分是庄氏后裔。他们大多从事农业生产，有的外出打工，有的做生意。虽然历经几十代人，但古寨风格依旧。古寨的周围，后山上草木苍郁，虫鸣鸟叫。保存完好的建筑、优美的环境得益于祖先的重视及后人的保护。两个雕刻着麒麟的古石窗，曾有不法之人相中，偷运出寨，寨里人全村出动，四处搜索，最终将其追回。

自古以来，古寨的人都非常重视人才。古寨里至今还保留着两根旗杆：一为汰口庄有恭于清乾隆四年中状元，一为其弟庄有信于乾隆七年登进士。古寨庄氏族谱记载着这些内容。庄氏家族能够知道历史、了解历史，得益于后人对族谱的重视。"族谱是对历史的记载，追溯祖宗和历史的依据。"82岁的庄水淼老人激动地说。以前，族谱藏于他的父亲手里，由于不知道其作用，他的父亲随便放在破水缸上。庄水淼见到后，心痛不已，立即把它妥善保存起来。近几年，由于族谱保存完好，泉州、厦门等地的庄氏后人也慕名前来认亲、核对族谱。

古寨的先民还重视环境，立碑保护树木。古寨里有一个"禁伐碑"，是乾隆四十年（1775年）十月由庄午、庄才、庄张、庄印等四兄弟共同设立，明确要求后人要保护好树林，不准砍伐。后人也遵照先辈的愿望，使得这片树林免遭破坏。曾有外村人到此片树林来盗砍，村里人发现后立即组织男女老少前往制止，结果吓跑了盗伐者。此后很少有人再敢打这片林子的主意了，树林也因此连片，成为村民的"长生林"。

华安饶氏世族与启丰楼 ◎ 唐朱宋

到了晚春时节，天气还是烟雨蒙蒙，偶尔夕阳西照，层层茶山翠色一片，远山的杜鹃绽开花蕾，万绿丛中几点鲜红，恰似星光闪闪，跃入眼帘，活生生地点缀着富有生机的大地与川源。九龙江春水滔滔，碧波荡漾。夕阳下远望启丰楼，她是那般的美丽，却是那般的苍凉；她是那般寂静，又是那般孤独。谁能想象她的主人曾经有过的非凡历史，曾经有过的兴旺人丁，曾经有过的万贯家财，曾经有过的辉煌航运。

有贵客随口问道，那是华安的土楼王——二宜楼？不，这是华安黄枣饶氏的启丰楼，只是华安县至今保存完好的68座土楼中的一座圆土楼。它虽名不见经传，却有很高的历史文化价值，是北溪饶氏兴衰历史的记载，也是九龙江航船历史的见证。

黄枣饶氏源于陇西的望族，汉唐时期进入中原开封一带，后有宗支迁入江西道从事航运业。按后辈推算，黄枣饶氏大致于南唐、北宋年间迁入福建。黄枣《饶氏族谱》已毁于上世纪"文革"时期，何时沿海口进入北溪到黄枣开基，目前尚未找到具体记载时间。根据民间旧家谱寻

找历史，饶氏早于柯氏、庄氏、王氏、邹氏来到北溪冷水坑（在新圩学区的小山包）。早期，饶氏是经营航运的，其船队沿海口进入九龙江，又沿北溪溯江而上来到冷水坑口的鲤鱼滩，见其洲滩开阔，江流趋缓，便定居下来，建筑码头，停靠帆船。随着九龙江船队的频繁往来，黄枣洲一带又进来许多姓氏人口，其后柯氏、庄氏、王氏、邹氏相继来到北溪中游，并在此定居创基业。南宋至明初，九龙江中游有了不少人口。元兵南侵，华丰侯坑魏天忠护宋主沿九龙江南逃，沿江各地有族众伸出援手。之后为了防匪侵扰，九龙江两岸便建了许多寨子、土楼，丰山寨坂有

寨，下尾有寨，沿汰口而上有下寨、中寨和顶寨。饶氏20代祖饶子周在鲤鱼滩筑有坚固的土楼。九龙江作为重要交通要道，两岸青山关不住，商贸往来甚是繁荣。到明朝初年，饶家财富已名贯北溪，人称"饶百万"，饶家世族达到鼎盛时期。民间传说，饶、柯两姓为争冷水坑水源归属，相持不让其名，在江边比拼财富，向九龙江中扔白银，饶家虽然取胜，却损失很多的白银，柯家知深浅，退至良村一带定居。其后又有庄、王两姓发生重大群众拼斗，死伤上千人，庄、王各退居南、北的汰口和西陂，饶家花费不少的白银善后。这些民间传说可信度还有疑问，但就庄、王两姓退居地与现在居住的地点是可以互相印证的。

根据畲族族谱的记载，畲人原住在九龙江沿江地带。早期，黄枣这个地方称宏枣洲，是九龙江中游峡江地带一处比较宽阔平坦的地方，古蛮族人世代在九龙江打鱼，原住民人丁十分兴旺。唐总章年间，陈政、陈元光父子奉旨入闽平獠乱，带来中原人口。经过"唐化里"的文明熏陶，少数民族与汉族逐渐融合。北宋以来，九龙江客商多在宏枣洲开埠经营，形成一定规模的集镇。饶氏到来并占有平坦的鲤鱼滩，地理条件相当优越。船往客来，吃、住、行均属饶氏的生意行当，其财富必然日日盛丰。

人们知道，九龙江上游水流湍急，高濑险滩众多，无法行船，上府（指三元、龙岩、永安、安溪）人家要出海口，要翻山越岭或乘木排来到黄枣，方能改乘帆船下行。饶家经营船队与旅店，天时、地利、人和均被其占有，怎会不发家致富，成为北溪的饶百万。

然而，谋事在人，成事在于天，而天有不测风云。明正德七年（1512年），九龙江发生了史无前例的壬申大洪灾，地势比较低的黄枣洲遭到了灭顶的冲毁，十字街、码头、村舍被冲毁无存，鲤鱼滩上的饶家帆船队被冲走，土楼被冲倒一角。饶家主人佬幸爬到土楼的屋顶，逃过人生劫难，灾后马上搬到黄枣顶楼的小山上居住。然而，灾后又发生十分严重的瘟疫，人口死亡数字十分惊人，一息尚存者纷纷逃离黄枣，饶家的航运生意遭到巨大的打击。

又根据《良村黄氏族谱》记载，义士黄宗继生于明永乐丁巳年（1497年），19岁娶饶子周（即饶百万）之女饶恭顺为妻，33岁有家财万贯，义捐修建流塘桥、云水溪桥、永福道。黄宗继娶妻14年后何以暴发致富，有良田万顷，今天的人们不能不产生诸多的怀疑。一个纯粹的种田人，14年能开垦多少良田，而饶子周的百万家财又到哪里去了？史海寻觅，

难得其解。从义士黄宗继屡屡慷慨义捐支持公益事业，其史疑可以作出新编，是否他继承了岳丈的家财，替其完成人生的夙愿，未必不见其传。

明壬申大灾之后，饶家航运事业曾恢复，祈望再度荣昌，饶百万仙逝前特示昭穆："前人重诚信，雄心再荣昌。"可见饶家在鲤鱼滩的土楼应是荣昌楼之号。笔者在黄枣顶楼调查时，曾反复询问多位饶氏老人，他们都说六百多年前祖上在鲤鱼滩的土楼十分繁荣兴旺，大洪水之后来到顶楼居住，经过十多代传承繁衍，昌、前辈的祖宗再度兴旺，还是航运行船赚了大钱，于清嘉庆初年建造了启丰楼。为了证明其说有据，饶文美老人特地带我们到山上查证碑文。饶必昌卒于乾隆己丑年（1769年），其四房子嗣饶前、饶聪、饶香、饶海于嘉庆四年（1799年）建造启丰楼。昌、前在昭穆字辈排行正好连接。明壬申是公元1512年，启丰楼建于公元1799年，相距287年。饶家受到壬申大洪灾的严重打击，经过12代的努力，终于再度荣昌，建造了启丰楼，这是饶氏留给后人的一份十分厚重的历史文献，是今日人们赖以追思考察，从而弄清宝贵的文化遗产华安土楼的根据。

老文物工作者林焘先生早于20世纪80年代对启丰楼作过考察，据其所述，启丰楼坐落于新圩黄枣村顶楼的小山包上，形似卧虎望月，土楼为四环圆楼，如八卦压顶，镇在虎头上。中间圆形天井，直径19米，主楼通高9.3米，三层建筑结构有一大门、一大厅和两侧门，24间，墙厚1.8米。大门朝北，门楣匾刻"启丰楼"，门右上刻"清嘉庆四年"，左下刻"菊月立"。三环、四环为圆土楼的耳楼，亦有楼檐廊连成一体，现已倒塌，仅存东边几间，很难测度当年的平面布局和收集人文风物，寻寻觅觅，还是缺少很多的佐证。一声长叹，犹然作诗一首以记之：

　　饶家土楼满疮痍，香樟两株半边依。

　　一轮夕阳春光好，几只野鸟叫叽叽。

　　楼外狂犬见人吠，楼中坍房堆瓦砾。

　　往日江中千帆过，万贯家财已依稀。

◎ 闽南西藏

——华安和春村探秘 ◎ 李金城

我国西南部有个西藏闻名世界，而在八闽大地，有一个被称为"闽南西藏"的村庄，知晓的人就极少了。这个云雾缭绕、青山环抱、风光旖旎、若隐若现的神秘村庄，叫和春村，海拔1030米，是闽南漳州海拔最高最偏僻的一个行政村，因此，被人们称为"闽南西藏"。

和春村位于华安西北部，是马坑乡第一大村，人口一千多人，距离贡鸭山风景核心区小道5000米左右。因这里偏僻、地势险要、交通不便，所以很少有人问津。

从华安县城向和春村出发，越野车沿着盘山公路行驶，时而在山中盘旋，时而在云海上穿梭，时而在森林里前进，颠簸像行船，犹如跳起迪斯科，仿佛天地间一切都在流动。来到和春村村口，放眼望去，豁然开朗，一个美丽的山村出现在眼前，真是"山重水复疑无路，柳暗花明又一村"。

从村口往前一百多米，有一座建筑巧妙、风格独特的清代土楼——翠庆楼，楼边有两棵古老珍贵的罗汉松王、一棵桂花树王。桂花树王的附近有一棵大古树，仔细一看是福建柏，国家二级保护珍贵树木，高有20多米，胸径68厘米，树龄少说也有几百年了。在这么高的海拔有这么大的福建柏，确是很罕见的，难怪被人们称为"福建柏王"。离翠庆楼三十多米处，大路右边有三棵古老的茶树王，这又可以证实，该村有几百年的种茶历史了，是闽南高山茶原产地之一。传说该村始祖邹智远，是个很有远见的人，元朝时期，他避难到和春浮竹溪，靠养鸭起家，做大米、茶叶生意盘活经济，成为富甲一方的绅士。智远始祖除了学习祖上传授给他的种茶技术外，还到西双版纳等地考察学习高山种茶、制茶、品茶新技术，并采集优质茶苗和名木树苗回来家乡种植，获得成功，他从此就大力发展茶叶，并把种茶有关技术传授给儿子、孙子。据说智远始祖生产的高山茶冲泡后，有久久不散的茶香气韵和耐人寻味的回甘口感，茶叶畅销国内外。当时该村就成了高山茶优质盛产地，这就是该村的古宗祠、古土楼前后及山上至今还保存着不少名木古树和一百多亩明清时代的苦仔畲、浮灵公、外暗格、人情山等四片古茶山遗址的原因。该村种茶历史悠久，茶有叶肉厚、香气甘醇、口感润滑、耐冲泡等优点，村民让我品尝的当地高山云雾茶，香味独特，令人回味无穷，真是和春高山出好茶啊！

福建柏王

接着，我们观赏了杉木王、仙妈宫庙，然后来到古老的崇山楼前，猛然看见一棵巨大古老的南方红豆杉王，树高有20多米，胸径有1.04米，长势旺盛，是国家一级保护珍稀树木，据说有一千多年历史了。红豆杉还是远古第四纪冰川后遗留下来的植物，是近年来植物界走红的"明星"，被人们誉为"神树"，种子鲜红色，是人们喜爱珍藏的纪念品。据说，外地树贩曾出高价要购买此树，可见红豆杉有多么珍贵呢。红豆杉王附近的兴房古宗祠，大门左侧有一棵"月桂树王"，每月都会开花，几百米远还可以闻到花香味，令人赞叹不已。

据考察，目前该村已发现的名木古树有20多棵，较名贵的有9棵，被人们誉为"九大王"，它们是"红豆杉王、福建柏王、罗汉松王、桂花树王、杉木王、杜鹃花王、茶树王、杜英王、含笑王"。

观赏了"九大王"后，我们又继续游览和春三宝之一的"古宗祠"。来到"安仁堂"楼后的古宗祠，只见厅堂上摆放着不少邹姓祖宗灵位。那厅堂上的木雕、彩绘、壁画非常精美，与二宜楼木雕精巧的风格一致。厅堂上还有18只精巧的狮子，其中16只是木雕，最吸引人的还是祠后的两只明朝古石雕狮，栩栩如生。我省古宗祠的数量不少，但真正高质量的建筑并不多，大多数古宗祠的内部都没有像样的祖堂和木雕装饰，且大多数残破不堪，有的宗祠被当做牲畜圈用。但是这个"安仁堂"古宗

探寻历史遗存

祠却不同，当初建筑时设置的许多细部装饰，至今保存完好，其设计科学，文化内涵丰富，真是罕见。如果说二宜楼是圆土楼之王，那么和春安仁堂宗祠可以称为宗祠之瑰宝。站在宗祠大门往对面山峰看，山峦形成雄鹰展翅之势，好像在守护这一瑰宝。

崇源堂

接着，我们又观赏了圣王庙。这里有个广场，是该村民俗文化艺术活动的聚集地。我们先参观二房"崇源堂"宗祠，里面雕刻精美，祠前设有半月圆鱼池塘，池中有祠，祠中有池，外观之美、内观之巧，令人赞叹不已。我们又参观了大宗"崇远堂"宗祠，该祠是该村祭祖最主要的宗祠，内有元朝的邹姓祖宗灵位、清代的古楹联，有一定的考古价值。此外，这里还有"龙兴堂宗庙"、"下洋宗祠"等等，其建筑之精美、保护之完好、文化底蕴之深厚，体现出和春村先祖的智慧，有极高的研究与观赏价值。

据考察，和春村共发现古宗祠15座、古庙3座、古土楼5座、古桥1座、古悬棺1座，是元、明、清时期遗留的建筑物。

和春乡土民俗风情浓厚独特，每年农历二月初六的大宗祭祖和七月二十七（有时提前到春节期间）举行的邹应龙民间文化艺术节活动，是和春民间民俗文化艺术两大盛会。每当这两大盛会到来，和春村村里彩旗飘扬、红灯高挂，村民都穿上节日盛装，舞龙舞狮、鸣响铳、放焰火、走古事、游龙艺，还有芗剧表演、锣鼓表演等等。他们举行各种活动，祈求来年平安，五谷丰登，场面十分壮观有趣，吸引广东、泰宁、绵治、高安、高石、贡鸭山村等省内外宗亲前来寻根谒祖。

和春宗祠建筑之奇美，文化渊源之深远，民风民俗之古朴，让人震撼，令人神往，难怪"民俗活动"成为该村三绝之一。"和春宗祠有内涵，祭祀古老是渊源。木雕彩绘任人赏，文化丰富故事传。"这就是笔者观后有感而作的。

拜访古代先贤

华安 1928 年建县，至今已有八十多年历史了。这里山清水秀，人杰地灵，英才辈出。历代有进士 19 人，举人 11 人。如今，新圩镇的华山村依然"旗杆林立"，保留有明末进士陈天定聚徒讲学的华山书院遗址以及"一科年中举门生达十八人"的纪实。这在当时曾经有力地推动读书向学之风的兴起，也促进了华安人才如雨后春笋般冒出。由此，陈天定之徒方进曾刻诗碑曰："入夜不知暑至，长年坐看花生。雾作山留混沌，仙来俗启文明。"这虽然只是华安古代先进人物和事迹的一部分，但绝对是华安文化底蕴深厚的很好的见证。

拂去历史尘封，远古显得亲近。追溯历史河流而上，怀崇敬之心与历史对话，将使人智清悟明，更会使优良传统在这里得到继承，精神在这里得到升华，文化在这里得到更生。

华安县历代进士、举人一览表

一、进士

姓 名	籍贯	朝代	年 代
杨汝南	碧溪	南宋	绍兴十五年(1145 年)
赵师楷	银塘	南宋	绍熙四年(1193 年)
赵善封	银塘	南宋	庆元二年(1196 年)
赵希庠	银塘	南宋	庆元五年(1199 年)
赵善旷	银塘	南宋	庆元五年(1199 年)
赵希商	银塘	南宋	嘉泰二年(1202 年)
赵希侒	银塘	南宋	开禧元年(1205 年)
赵希流	银塘	南宋	嘉定十年(1217 年)
赵希佚	银塘	南宋	宝庆二年(1226 年)
赵与契	银塘	南宋	绍定五年(1232 年)
魏国梁	华丰	南宋	淳祐年间(1241—1252 年)
魏国龟	华丰	南宋	淳祐年间(1241—1252 年)
赵与做	银塘	南宋	淳祐四年(1244 年)
魏天忠	华丰	南宋	德祐元年(1275 年)
颜 宝	丰山	明	永乐四年(1406 年)
杨 绍	碧溪	明	正统十三年(1448 年)
赵怀玉	银塘	明	天启二年(1622 年)
黄居中	玉兰	清	顺治九年(1652 年)
唐朝彝	汰内	清	康熙六年(1667 年)

二、举人

姓 名	籍贯	朝代	年 代
杨 衡	碧溪	明	宣德七年(1432 年)
郭逑羽	上坪	明	嘉靖二十二年(1543 年)
杨宝卿	丰山	明	嘉靖二十八年(1549 年)
赵德懋	银塘	明	隆庆四年(1570 年)
赵廷禧	丰山	明	万历十六年(1588 年)
邹孟都	上坪	明	万历三十一年(1603 年)
邹文虎	上坪	明	万历四十三年(1615 年)
杨胤坤	丰山	明	崇祯六年(1633 年)
赵与梗	银塘	清	顺治十一年(1654 年)
赵鹏蜚	银塘	清	雍正十年(1732 年)
邹伊老	上坪	清	道光二十三年(1843 年)

◎ 廉洁勤政的杨汝南 ◎ 佚 名

杨汝南，生卒年未详，字彦侯，今华安县丰山镇碧溪人。南宋绍兴十五年（1145年）进士，任过赣州、广州学官，勤学博识。

国子监祭酒杨椿称赞杨汝南是人们学习的楷模，并推荐他出任古田县知县。汝南廉洁勤政，立志学习古代圣贤，尤以举办教育为首要任务。他每天都要晋谒县学，考核学生的德行，勉励大家勤奋学习，精通学问。他还引荐古田县的优秀学者入京考试，参加朝廷的面试，多数列为榜首。汝南任知县期间，建造了安福桥，桥长60丈，造福后人。

汝南弃官后，返回家乡创办学堂，摘录了《诗》、《春秋》、《中庸》的精华内容，编成30篇《经说》作为课本教授学生。汝南讲学时，门外常站满聆听的人群。傅侍郎、颜尚书也慕名登门拜访。汝南的门生邱审象将汝南所编著的文章汇编成文集，当时的丞相为该文撰写了序言。今存有杨汝南路过龙头峡所题诗《夜宿龙头》：

江流如箭路如梯，

夜泊龙头烟霭迷。

两角孤云天一握，

晓光不觉玉绳低。

清光绪五年(1879年)，为汝南立"世美坊"于龙溪县二十三、二十四都（今华安县丰山镇）。

为国捐躯的九龙三公

黄阿彬　郑跃辉　黄淑琳

在美丽的九龙江畔，屹立着一座建筑精巧的"九龙三公宫"。此亭矗立于群山环抱的华安县华丰镇湖底村石门头，坐北朝南，依山而建，层次分明。

"三公"是南宋一家三代忠臣——魏了翁、魏国佐和魏天忠，特别是魏天忠舍身救护宋帝，于漳州华安九龙岭代帝饮鸩殉节。后人为纪念他们而建九龙三公宫，是两岸九龙三公的发源地。如今，在大陆和台湾，有很多是三公的后人和信徒。

九龙三公宫主体建筑由前殿、两侧过水廊和主殿组成，面阔三间，进深两间，门框、柱均为石构，配以联对题咏。木质梁架均为穿斗抬梁混合式，建筑房屋面覆盖玻璃瓦，均为燕尾脊式。庙宇山墙用红砖砌筑，外墙面红色抹灰，占地面积较大，建筑面积260平方米。单檐硬山式屋顶，两进三开间。大厅堂上高挂着"资政殿学士"牌匾一块。现存仿清的现代建筑。

九龙三公三代事宋，有过一段悲壮的经历。宋嘉定年间资政殿学士

魏了翁，字华父，四川浦江人士，曾于两淮抗金，献边防十策，后为奸臣黜退。魏了翁领其四子南迁泉州，居白鹤山下，著书立说，开馆讲学，称鹤山先生，四子均为进士。其子国佐，字延龄，淳祐元年辛丑科进士，任江西潭州、福建漳州推官，咸淳间元军侵宋，授云黔粤五军都统制，抗元兵于江右。延龄之子魏天忠，端宗景炎年间，元军南侵时授御史之职，与张世杰、文天祥、陆秀夫护驾幼主端宗赵昰与其弟赵昺南迁到泉州，时泉州招抚使蒲寿庚闭城不纳，二帝失散。魏天忠随端宗航海，由东石走张家港，至同安刘五店转金门。当宋室君臣舟入金门时，遭元兵追围阻击，再走烈屿投奔漳州白水营。忽元将阿勒罕率军追至，端宗急走九龙岭，其时群臣失散过半，元军包抄而来，遣使迫宋主服毒自尽。宋君臣惊慌失色，唯独魏天忠挺身而出，责斥元使，代帝饮鸩殉节。魏天忠死后全身发黑，两眼圆睁，立而不仆。时人感其忠烈，厚葬于九龙溪畔虎头山，营造"魏公墓"，供人瞻拜。

魏家一门三代忠烈的事迹，在华安民间广泛流传。人们在华安县华丰镇湖底村石门头（旧名侯卿乡）兴建"三公宫"，塑像虔诚奉祀。由于魏天忠以身殉国的日子是农历五月初四，人们便把这一天作为"三公"的祭日。明洪武元年（1368年），明太祖朱元璋感于三代事迹，特追封其三代"九龙三公"尊号，并建祠曰"绍明宫"祀享。原绍明宫有一联文："虎穴山中留胜迹，龙溪界上着英灵。"

魏天忠（？—1277年），原籍四川，后裔居华丰提巷（茶烘）后坑村。南宋德祐元年（1275年）进士，授为御史。元兵入寇，他以文职兼武衔入卫，随宋帝端宗南奔随驾至龙溪县九龙岭，被元兵四面围困，宋军死伤惨重。元将胁迫宋帝服毒自尽，天忠呵斥元使，毅然与宋端宗对换服饰，头戴皇冠，身披龙袍，代帝饮鸩殉节，保全了宋端宗，使之南逃广东。

天忠祖父魏了翁，南宋嘉定年间授任枢密院事等职，竭力议抗金兵，在收复两淮战役中英勇善战，以身殉职。天忠父魏国佐，南宋淳祐元年（1241年）任过四川、云南、广东等地五军都统制，与元兵三战于江西，于淳祐十年（1250年）为国捐躯于临安。

天忠一家三世，均尽忠于宋。

乐善好施的黄宗继

◎ 佚名

　　黄宗继（1479—1564年），号金溪，世居华安良村，母亲怀他仅三个月，父即逝，孝顺著于世。他继父业，勤奋自励，置田园、广植树、养牲畜，家业富甲一方。然他从未美衣甘食，素以乐善好施名扬邻里。明嘉靖二十四年（1545年）、二十五年（1546年）大饥荒，豁免佃户租谷千余石。嘉靖三十九年（1560年）又大饥，黄宗继开仓施赈四百余石，不足以金帛补上。嘉靖二十八年（1549年）倡议并主持修建北溪通道云水溪桥，捐银五百余两。嘉靖三十五年（1556年）又独资捐建永福燕溪桥，继而辟北溪华丰漳平路，还置田六段，作为永久修路资源。此外，他还代族人偿补金额四百余两，为异姓偿负谷三千余石；出资为家贫不能娶的三十余人娶妻成家；资助贫穷不能丧葬的二十余家治理丧事；从兄康澄为贼所掳，伤残家贫，给田以养其妻子。其好善乐施之事，至今仍广泛流传于闽西南民间。

　　清《龙溪县志》："黄宗继，轻财重义，其从兄康澄为贼所掳，家贫，宗继予之田，使赡其妻子。修云水溪及永福燕溪二桥，辟华封漳平路，立义田，筑墩阜，邻里称之，令王相匾其门，曰'义士'。"

兴利除害的赵德懋 ◎ 佚名

赵德懋（1530—1607年），字伯昭，今华安县丰山镇银塘村人。明隆庆四年（1570年）举人，任新兴知县，终任淮府审理，后晋阶长史大夫。

德懋莅任新兴三年，顶歪风，治赃官，纠正冤假错案，为许多无辜百姓平反；兴学重教，建置书院，勤授课业，培育人才，他的学生遍布各地。他还劝民勤种庄稼，亲自植松于梓潼山，松荫葱茏，绿化环境，抵御风沙，民爱其树，誉为"赵臣甘棠"。

在任期间，治政严谨，兴利除害，锄强暴以护良善，立乡约以息纷争，禁图赖以救民命，置夫马便于里甲之间往来，平盐价以需日用，抽丈量以正疆界，减重赋，判疑案以纠冤情，修理桥梁、宫城，功绩不胜枚举。

德懋莅官清操，廉洁奉公，体察民情，平易近人，视公事如家事，视百姓如赤子，深受民众爱戴，荣调时，百姓纷纷载道恳求留任，立"去思碑"颂扬他，抚按司道皆下书嘉奖。

明万历十四年（1586年）十月十二日，提升淮府审理，不久任职期满回原籍，得县令赠匾"一门孝友"。在家乡，他好修义举，兴辟龙潭路，并在上面建筑石亭，塑造"龙潭"风景，题刻"九龙戏江处"；营造宗祠，使邻里和睦，屡获上司褒奖。

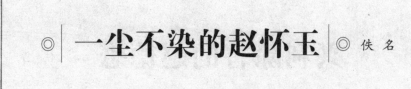

◎ 一尘不染的赵怀玉 ◎ 佚名

赵怀玉(1573—1632年)，字与瑶，号旬龙，今华安县丰山镇银塘村人。明天启进士，授四川监察御史，后升广东肇庆推官。

怀玉自幼颖悟不凡，天启二年（1622年）中进士，授广东肇庆司理。任职期间平反冤假错案，挽救无辜百姓。他崇尚气节，杜绝请托说情，平反冤案时严格依照法律条例办事，一丝不苟，即使上司授意也置之不理。他说："曲直视事，出入视罪，轻重视法，是非有域，不可游移。即在官廷之上，犹须据理力争，岂可予夺生死供贵人之色笑。且我奉职为理，唯上不负国，下不负民，内不负生平，外不负声誉，则已耳。"

因怀玉秉公办事，不为官势所动，致使按抚嫉恨，想陷害他。当时朝廷正商议伐澳门之事，遂举怀玉出征。怀玉立即带领战车十余辆、兵士一百多人，自己张开伞盖，独乘一船，至澳下，倭（日本）船刚到，即命令土夷头目举炮攻船，连炸三炮。赵军沉着应战，勇敢机智，倭人惊慌失措，诸土夷头目皆大叫："赵帅不可与敌。"于是，倭人举起武器投降，到赵军船上谢罪，并带赵帅入城。怀玉宣读皇帝诏书，拒绝接受馈赠。倭人并拆城墙三百五十丈，而后撤回。

怀玉生平廉洁清操，居官清慎明允，一尘不染，百姓都称他为"赵青天"。

绿色华安

【海峡二十七城市历史文化系列】

启迪后学的陈天定 ◎ 李寿南

整修一新的华山书院

陈天定，字祝皇，原籍龙溪，明末时人，与相国林文穆为中表，辛未殿试中式授官行人，累迁至太仆，东林狱兴，天定以黄石斋事株连入狱。陈天定获释后携一片铜瓦、一尊木关帝像，循大山南下，住良村两年，后隐居华山村，在华山学社聚徒讲学，传授坟典。后曾有一科年，中举门生达18人。

其门生有官至都察院巡按、兵部侍郎者。村中由是冠盖相望，旗杆林立，功名之盛，为他村所无。其间牌匾题字甚多，如"琅岭云兴"、"高义可风"，大率颂扬先生功德。乡人为建祠堂，门前有青螺石两座，传是御赐。俗称巡按以下经过祠前，必须下马参拜。其徒方进曾刻诗碑曰：

入夜不知暑至，长年坐看花生。

雾作山留混沌，仙来俗启文明。

"仙来"之句，盖指陈天定先生也。

陈太仆建关庙于华山寨上，以祀关帝像。庙右有峰，名曰"火山尖"。寨上常有火灾，太仆以所携铜瓦盖庙顶压胜，火患遂绝。

太仆为帝庙题联曰：

文以继武，主教化乃为道德圣神；

义不失慈，济苦难更有英雄菩萨。

又用两块木板作联云：

采于山，钓于水，有土必有财；

祥于神，义于人，在德不在险。

拜访古代先贤

陈天定字谠皇与相国林文穆轩为中表督师事之天
启乙丑成进士以魏珰进政海内操舰家宗之而陈氏说书大行
于世时漳寇有所谓二十四将者濒海濒渐及郡郡
守施邦耀与商捏敌之策天定结乡兵轻衣治戎自
城以东皆主之筑土堡于镇门两岸以围郡围贼尝
一夜以轻舟泊浦头乘月黑夜之贼几不得出
龙溪县志《卷之十六人物》　七
自是不敢内犯岁饥埸贤勤赈活饥民无数民为立
祠勒碑记其事崇祯辛未璐败始延试授官行人屈
迁吏部郎中时党论方与天定忤之叹曰奈何以此
贾祸然竟以黄道周故与闽县董养河永祸黄文焕
同系狱既得释召补铨衡逢生自发以贫困终著有陈氏说书及慧
僧衣褛帽放言自废以贫困终著有陈氏说书及慧
山诗文全集太极说茶论松石轩读史慧眼山房书
抄十七种几若千卷学者称为慧山先生

又题联自叙云：

　　三勿居至此，祖若宗诒始椒谋，彬雅文风；

　　四种德到今，兄及弟欣书阅礼，大抓家声。

书迹今存。

　　先生启迪后学，道义相劝，勤勤恳恳，善为人师，乡民至今称道之。然遁于穷僻之地，其名不彰，苟非旁搜旧闻，著之竹帛，以发其幽光，传于后世，则必泯灭沦澌，至于无可稽考。

　　华山村为我县之胜地，秀丽迎人，山花照眼，加以乡贤遗迹，辟为游览之区，亦足以登临怀古，启后来者无穷之思。好山水游者其有意于此乎？

不事二主的洪思 ◎ 钟武艺

撰联讽洪贼

洪思，字浩士，龙溪县人，后人尊为文晦公。幼时，他父亲从游于明代大学者黄道周，也把洪思带在身边。当时黄道周在龙溪邺山讲学，有一次他讲授《诗经》中的《鹿鸣》篇时，发现在门外听课的小洪思竟能过目成诵，遂生爱意，也收他当了门生。洪思聪慧过人，又能刻苦攻读，广猎博闻，颇得老师器重。在众多同门中，他是黄道周最得意的学生。

后来，清军入关，黄道周临危受命，拥立南明政权，誓师抗清，不幸在江宁（今南京）被降清的洪承畴杀害。洪思悲痛欲绝，誓学恩师节义一世，与清廷不共戴天。他避于敬身山（俗名苦竹山，在今华安县高安乡），与妻戴和、子民贞同住荒山，不入城镇。当洪承畴60岁生日时，他浑身重孝，去洪府吊唁恩师，痛骂洪贼背负皇恩，还写了一副对联"送"给洪承畴："史鉴流芳真可法，洪恩未报反成仇。"这副对联的上联嵌了抗清名将史可法的姓名，间接讽刺了洪承畴的屈膝变节，下联中"成仇"与"承畴"谐音，痛骂了洪承畴叛明卖国的行径。洪承畴看到对联恼羞成怒，下令捉拿洪思。洪思性命难保，只带上老师的遗著逃到龙溪二十五都归德保现在的高安镇。他见这里山清水秀，犹如世外桃源，便在此隐逸居住。

头不顶清朝天，脚不踏清朝地

洪思匆匆逃到归德，衣裳褴褛，疲惫不堪。但他头上戴顶破斗笠，脚着一双烂草鞋，所到之处每逢歇息，必搭上低矮草棚，下铺草席，谓之行走及夜宿均"头不顶清朝天，脚不踏清朝地"。他的言行举止更是与人不同。有时几日足不出棚，整天正襟危坐，手捧恩师生前钟爱的《易经》、《孝经》诵读，或者挥笔疾书，阐述恩师思想，不吃不喝，已进入忘我境界。偶尔出棚，他也只是到三洋村浮山脚的一块大石上呆立，身向

51

北面，仰天沉思，常常是泪流满面。有一次他因身体过分虚弱而突然昏厥在地，旁人忙把他扶至棚中，端水给他喝。他醒来神志不清，昏昏然问道："此为何物？"旁人答："这是清水啊！"洪思摇头闭口不喝，旁人皆诧异。有位老者知道他是落难之人，平常又出语激切，忙掏出块明姜糖，说："明姜糖能散气益脾，你吃吃看吧！"洪思恭敬地接过明姜糖吃下，顿觉精神大振，叹道："老伯独知我心！"

后来，人们才知道这位"敢言人之不敢言"的人就是鼎鼎大名的黄道周的学生，都很仰慕他。人们见洪思生活无着落，时常接济他一些物品，但洪思总是婉言谢绝，于是人们就在物品前冠以"明"字，他才不再推辞。当洪思在博济祠为邱氏子女教学时，还常常率学生到这块石头上谈论先朝国事，抨击清廷腐败，皇帝无能。后人为纪念他，在石上刻了三个字——言皇石，还把"言皇石"所在地命名为"洪坂"。

洪思与高安烟

洪思刚到归德那一阵子，常到"言皇石"上缅怀恩师。不远之处有一个卖烟的老人，家中无妻无儿，仅靠卖烟度日。虽然他的小烟摊摆在三岔路口，人来人往，但生意很清淡，光顾他烟摊的人很少，一天所卖之钱只能换一天的米粮。

老人见这位读书人常失魂落魄地站在石上，"憨憨"地不知想什么，心里暗暗怜悯，不时端上一碗粥让洪思热热身子。洪思不敢接受，老人

说："不要紧，今天我的生意好了些，这碗粥就是今天多卖的钱换来的，你吃吧！"说来也怪，每次老人端粥给洪思吃，当天的生意就会好一些，老人也不至于挨饿。洪思见老人如此热心，心里过意不去，便帮老人卖烟。有一天，他对老人说："咱这样卖烟终归是销量少，获利低，不如把烟丝再切得细一些，加工成一包一包的，做上记号，生意定会好转。"老人想想也有道理，就按洪思说的去做，请洪思刻了一个四角印盖在烟包上。果然，人们见这烟丝包装奇特，都争相购买。后来，老人又在洪思的建议下，改进了烟丝的质量，烟丝晒得金黄金黄的，抽起来又顺口，不像平常的烟辣舌。慢慢地，老人的"高安烟"在漳州附近出了名，老人也发了财。为了感谢洪思，他在后垅建了一座厝给洪思住，人称"洪厝"。

博济祠教学著书

邱氏家长知道洪思是大学问家，就请他开馆授徒，并让洪思自己选择一块地建学馆。洪思看来看去，最后相中了坑内溪涧旁的一块地，要邱家长背靠石崖建馆。建成后，洪思题名为"博济祠"。白天，洪思就在这里教学，他知识渊博，讲课时又能深入浅出，不循旧规，巧妙启发学生，故而教出的学生也都很出色。晚上，洪思就独坐馆内，秉烛著书，直至天明。你说怪不，这地方不仅通风透凉，而且不闻蚊虫之声。原来，洪思精通地理，他看到祠后一块怪石状如蛛网，而蚊虫惧蛛，所以不敢来此相扰。洪思就在这潺潺流水声中，写出了《敬身录》、《洪图六史》、《洪图六经》等许多部书。在这些书里，他继承了老师黄道周的行学之风，其思想激楚清越，不落时流，有许多佳作为后人传诵。

宁为明朝狗，不做清朝官

洪思在归德住了五十多年，教化乡民，德荫后世，虽身隐而名露。传说有一位清朝大官路过归德，远远看见归德"纱帽山"白云缭绕，疑有显贵之人在此居住，忙下轿步行。经过探访，方知归德住了大能人洪思。这位大官也仰慕洪思才华，几次派人送帖相邀，请他出山当自己的幕僚，但洪思都避而不见。其时洪思已是须发尽白，然矢志不移，"宁为明朝狗，不做清朝官"。这位大官见软的不行就来硬的，也不知怎么弄来了皇帝的圣旨，强令洪思赴任。大官带了一大队清兵亲自来"接"，八

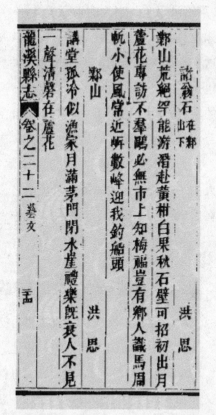

抬大轿鸣锣开道，好不威风。乡民报与洪思，洪思一笑置之，说道："洪思乃一介没落寒儒，哪堪他如此抬举！"清兵分头把住归德四道，大官手持圣旨闯进博济祠，却不见洪思踪影。有清兵说看到一个人影转入溪涧中倏而不见，大官忙派人去搜索。可是清兵找了好几天，也找不到洪思。大官只得悻悻而归。不过，他还不甘心，把圣旨刻成碑石，竖在遥对坑内的地方，要洪思不得违抗圣命，见到圣谕马上去找他，但从此洪思再也没有在归德出现过。

后来，有人说曾经在邺山黄道周学堂遗址前看到一个身着明朝衣冠的老者，兀自畅饮高吟。邱氏家长料定此人必是洪先生，派人去寻，才知洪思已逝，葬在紫云山山麓了。消息传来，归德人无不失声恸哭。为了纪念他在高安的功德，人们铭刻《布山功德碑》，又造洪思神牌供在文庙之左庑以祭拜。依照洪思生前所行所言，这块神牌制成"工"字形，遂其"头不戴清朝天，脚不踏清朝地"的心愿。

◎ 刚正不阿的唐朝彝 ◎ 佚 名

唐朝彝（1640—1698年），字偕藻，祖居地华安沙建打铁坑。清康熙六年（1667年）进士，官至宗人府府丞。

唐朝彝少年时家贫好学，淡泊明志。康熙三年（1664年），清廷对铜山实行"迁界"，唐朝彝移徙漳州，寓居于南靖南华岩攻读。两年后中举。康熙六年（1667年），中进士，选为翰林院庶吉士。散馆后，任广西道御史。此后历任山东、山西、京畿、河南、广东等道御史，又升通政司左、右参议，转任大理少卿、太仆寺卿、太常卿、宗人府府丞等职。

唐朝彝为官清廉俭朴，在其赴任广西道御史出巡北城时，取消自己的供给规定。任大理少卿时，他奉旨祭女娲与成汤陵墓，路上所过州府，多向他馈赠礼物，均被一一谢绝。他当官30载，从未私建华堂，仅在漳州筑有数椽简陋瓦屋以蔽风雨，其勤政廉洁的作风饮誉朝野，以至"时论荣之，清操久留"。

唐朝彝忠勤正直，虽平生"唯大义所在，刚介不可回"，但亦机智谨慎，善与同僚和睦共事。他就职宗人府之初，满族同僚刁难他，竟用满文起草案牍文稿让他审批。谙熟满文的唐朝彝却能平和地当面剖析案牍内涵，中肯地评判是非，使满族同僚惭愧而退。

康熙十九年（1680年），铜山"复界"，百姓回归，唐朝彝返回铜山为其母亲治丧守制。此间，他为"复界"后重修城池撰写《大都督詹公重建铜山城功德碑记》。同时，他呼吁复修南溟书院，兴办义学，但不久因出任广东道御史而将此事暂搁。至康熙三十四年（1695 年），他因病回漳州，还念念不忘此事。漳浦知县陈汝咸深为感动，终于次年着手修葺书院，重兴铜山文教。

闽南地区至今仍传有许多关于唐朝彝清廉正直，秉公执法，不畏权势，为民申冤的故事。其中，"天官锁"一则尤为典型。

康熙某年，京城里一位贝勒爷趁着元宵闹花灯，唆使恶奴将十多位美貌民女抢入府中肆意奸淫，不从者尽遭残害，一时民愤沸天。此案告

55

到宗人府，唐朝彝发誓为民做主，即用计把贝勒爷请至公堂开审问罪。那贝勒爷有恃无恐，供认不讳，结果被判个处死偿命。康熙皇帝意欲开脱贝勒爷，但碍于国法难容，便在奏本上批下个"六不杀"——单日不杀，双日不杀；见天不杀，着地不杀；城内不杀，城外不杀。明摆着，贝勒爷不好杀。唐朝彝接到圣谕，决意舍身抗命除恶安邦，便派府差在城门中搭一个木台，隔着地，盖上芦席遮住天，待夜半亥子相交之时，将贝勒爷押上棚台斩了。

康熙皇帝闻讯气急败坏，想拿唐朝彝问个抗命擅杀皇亲之罪，但转念他是秉公执法，本无可厚非，且是机智行事，亦无把柄可抓。为了收买民心，坐稳江山，康熙夜召唐朝彝进宫，将自己随身佩戴的"天官锁"赐与他说："你杀了贝勒，亲王欲杀你，你可借此护命，速速离京，免遭不测。"遂将其遣返闽南老家。

唐朝彝就凭戴着这把御赐的"天官锁"，一路避开亲王及其属下满清官僚设置的重重机关暗算，总算平安抵家。此后，他又凭此物在地方为民办事，除暴安良。百姓庆幸之余，仿制"天官锁"戴于胸前护命纳祥，故闽南民间到今犹传此俗，并有民谣："天官锁，天官锁，囝子戴，去邪魔；大人戴，免灾厄；老人戴，岁寿高。"民谣传唱至今。

康熙三十七年（1698年），唐朝彝病逝于漳州，享年59岁。唐朝彝工诗文，著有《易学说编》、《西台疏草》、《汇青堂诗集》等书，惜多散佚。他的零星诗文，刊在地方志书中的《陈北溪故里》诗及《提督许公重修陂闸碑记》、《大都督詹公重建铜城功德碑记》、《大都督黄公镐兴庙惠民功德碑》等文，卓然大家气象。唐朝彝的流风余烈、遗风轶事，广泛留存于漳属各县民间，深受世人崇仰。

勤勉刚直的蒋士熊 ◎ 林艺谋

两百多年来安然坐落在华安县仙都镇大地村蜈蚣山麓的巨形建筑物二宜楼是清代乡绅蒋士熊创建的，它是古代夯土建筑史上的一大奇迹。

建土楼之王

蒋士熊，生于康熙十六年（1677年），卒于乾隆八年（1743年），享年66岁。蒋士熊自幼聪敏好学，勤勉奋发，志向坚贞高远，品格敦厚善良，乐善好施，为人刚直，人缘甚好。他早年为太学生，先后在漳州石码、厦门开"乐安米行"，兼营北溪乌龙茶生意，在地方颇有名望。他年轻时立下了创建大土楼的夙愿，教子有方，对其子女进行合理安排，男亦工亦商，妇孺佐园林，不到数年成了富甲一方的大财主。他在清乾隆五年（1740年）秋开始动工创建二宜楼，之前挖掉两座小山包，改造河流两百多米，建造亭台两座、神庙一座。二宜楼工程浩大，营造历时30年，蒋士熊因积劳成疾，工程未竟而辞世，继由其妻魏颜娘和6个儿子、17个孙子承其志而毕其功，于清朝乾隆三十五年葭月（1770年农历11月）建成。土楼规模庞大，洋洋大观，气势磅礴，成为康乾盛世在南方民间的一个标志性的建筑物。其间他捐银百万给漳州修府衙，被清政府赐予"乡饮大宾"的称号。

二宜楼是单元式与通廊式有机结合的典范，为福建土楼珍品。1991年3月它被列为福建省重点文物保护单位，1996年11月被国务院批准为国家级重点文物保护单位。2008年7月7日以二宜楼为主体的大地土楼群被列入《世界文化遗产名录》，从此华安有了一张世界级金字名片。二宜楼的建筑平面与空间布局井然有序，防卫系统构思严谨，建筑装饰精巧华丽，是融历史学、建筑学、军事学、防御学、民俗学、阴阳学和美学等学科为一体的巨型建筑物。它在福建省数千座土楼中独占鳌头，摘取了"土楼之王"的桂冠。

借珠赠书

悬挂在二宜楼公共祖堂灵台上的两幅祖宗画像系创建者蒋士熊夫妇遗像。像中情景有几段颇为引人追颂的典故。蒋氏族谱记载：蒋士熊腰圆身粗，体高七尺二，臂力过人，使用大劈刀18斤重；年轻时勤耕好学，精通《易经》，早年考得"太学生"；为人慈善，曾捐银元百万给漳州府修缮府衙，时人称之为"蒋百万"。蒋士熊之妻魏颜娘，祖居华丰后坑，系"九龙三公"魏氏后裔，24岁出阁到大地，陪嫁颇丰，内有宝珠一颗，系其祖传的神奇宝物。因魏颜娘为人知书达理，聪明贤淑，很受父母疼爱，加之大龄出嫁，于是魏父就将该珠作为陪嫁。父母嘱咐她小心看护宝珠，倘若婿家有洪福，该珠必大有作为，或者兴旺发达，或者家声大振。魏氏嫁来大地时住在后井旧宅，几年间，果然人丁兴旺，男亦商、亦工、亦农，妇孺佐治园林等，凡事顺吉。更为庆幸的是该宝珠竟能镇邪、治愈疑难杂症，凡是小孩啼哭不止、老人中风，或口眼鼻歪斜者，只要在患者身上绕一匝，珠到病除，胜过良医妙药。

某日，邻村有人上山砍柴，失踪三天，其家人跪求蒋氏夫妻挽救，于是就由蒋家长子登岸携珠向荒山野岭挺进，有敲锣鸣铃、满山吆喝的乡亲几十人跟着。不到半天，果然在一石洞中发现该人，尚有脉搏，且有疯癫之状，捧珠急救得愈，与

常人没有两样，此事广为传诵。

　　适逢漳州知府梁须梗的夫人染上中风症，口眼鼻歪面斜窝塌，声音沙哑，十分可怕。梁知府四处聘请名医诊治，久不见愈。正在苦无良策之际，北溪一好友来访介绍说，二十五都大地蒋家所藏宝珠有治愈邪症之神功，可以一试。梁知府大喜，急令心腹三人到大地借宝。蒋士熊因为长子登岸不在家，挽留来人稍留些时日。起初蒋士熊与全家协商，可否一借，众人皆云："官府借珠，借故一去不复还，奈何！"三日后蒋家长子归来，闻知此事，感慨地讲："知府借珠一事，非借之不可。据闻梁知府为官清廉，并有正人君子之度量，一定无异心，况且父亲谋划筹建圆楼大业，得罪官家，无事找事，大业垂成。"家人听了公子的分析恍然大悟，蒋士熊喜笑颜开地说："长子有远见，我家大业可成矣！"当天就由蒋登岸携宝前往梁府奉珠一用，果然名不虚传，珠到病除，夫人恢复正常。梁知府感激涕零，夫妻在客堂向蒋公子施礼拜谢，奉还宝珠，赠送白银120两，并赠送《史记》和《资治通鉴》，蒋公子收回宝珠及书，婉言退回银两。此宝珠在蒋士熊60大寿（1737年）和二宜楼落成（1770年）大宴宾客时，曾取出给来宾参观，众宾客大饱眼福，惊叹不已，后交蒋家才女巧惠妥为保管。物换星移，从此宝珠销声匿迹，是否遗落，现已成追忆，而《史记》等则毁于"文革"时期。乾隆五年（1740年），前来参加土楼奠基仪式的鼓山寺静惠居士，根据蒋士熊夫妇的生平事迹用工笔淡彩在大地村创作画像，所以就有了夫捧书妻拿珠的真像，供后

人瞻仰，因年代久远，保存不善，故有残破之处，现存为蒋氏23代孙蒋承桥先生用油画重绘。

独闯刘寨会秀才

大地村蒋氏第14世蒋士熊积财以后，向刘氏买下了在蜈蚣山下的大片土地，准备建造大圆土楼。刘氏族长刘大震答应了，但刘氏的几个秀才都不同意并一直发牢骚：怎么把这么好的风水宝地让给一个外姓人。刘氏秀才们邀约蒋士熊到刘氏祠堂理论。

一天，蒋士熊梳着长辫，穿着蓝色长衫，戴着黑色碗糕帽，脚踩黑布鞋，迈着矫健的步伐，按约好的时间独自一人到刘氏山寨祖祠堂。蒋士熊刚要踏进祠堂就看到刘老三站在大门口，两手叉在腰间，大声说出开头联："孤竹一支何时樟（蒋）大茂？"蒋士熊未经思索就答："梅花数点哪见柳（刘）先生。"接着刘老二说："你这个大老粗还会应对呢！"随即刘老二踱着方步沿着厅堂绕圈，一字一字念出首联："东鸟西飞，满地凤凰难立足。"蒋士熊站在天井中大声应对："南龙北跃，一缸鱼鳖尽低头。"坐满祠堂的刘氏族人们听到蒋士熊对出这么好的下联，感到十分惊讶。

蒋士熊踏上祠堂大厅，只见厅堂里面摆着一张八仙大桌，铺好宣纸，备着笔墨。刘大震族长说："我家的老秀才要和你比书法。"蒋士熊答："好，就试试看。"于是刘老秀才用五个指头在自己的额头梳了梳仅存的几根白发，并用蔑视的眼光看了一下蒋士熊，飞快地用行草书写出上联："小犬明知敢入深山寻虎豹？"蒋士熊严肃地接过毛笔，随即在墨盘上蘸一蘸浓墨，用楷体字写出下联："大龙未遇渐游浅水伴鱼虾。"刘氏族长看后就捋着花白的长须对蒋士熊说："看不出你是一位儒商，你要在那边建大土楼，此乃蒋家的福分，我看就不用再比了，请喝茶吧！"蒋士熊拱手说："承让，承让了！"三个秀才在旁边默不作声，先后借故溜走。

感悟绿色山水

　　这里收集了感悟华安山水的十几篇佳作，尽管它只是这片绿野上的点点滴滴，但我们尚能从中领略到这山的广袤无垠，这水的清澈见底，这里的人更是淳朴善良的！

　　每次有友人问起华安、谈及华安，我们都会津津有味地述说华安是如何的一块宝地。这不，她是世界文化遗产地，又是以整个行政区域范围命名的国家森林公园。她，地大物博，人口不多，处处显得幽雅、宁静；她，群山环抱，绿水曲绕，无处不是美妙佳境；她，山风徐徐，空气清新，到处洋溢着欢歌笑语。驻足在九龙江北溪岸上，眺望贡鸭山天狗梦月的奇观；穿梭于世界竹种园的林中，梦想土楼之王的壮美；漫步华安玉地质公园的小道，品味华安铁观音茶的阵阵清香；手拉手跳起欢快的高山族歌舞，走进那久远深邃的仙字潭闽越文化的古园……你会体味到这就是一方世外桃源，一片让人梦寐以求的理想去处，这就是闽南漳北的华安！

清龙溪县舆图

◎ 小母亲河从这里流过 ◎ 黄元德

　　九龙江，是福建南部的母亲河。

　　北溪是这条母亲河水系中最长的支流，她从西北往东南流去。河水泊泊，像一支远古流传下来的摇篮曲，诉说着古老新奇的故事，散发着淳朴文明的气息。

　　北溪在华安县境内，曲水回环，飘逸洒脱，其流程长达107公里。这里没有闹市的喧嚣，少有世态之纷扰，到处充满大自然的坦荡和奥秘，到处是绿的山、奇的石、碧的水、甜的雾。这里，自古以来就是野生动植物梦幻温柔之乡，仅植被种类就达242科、1089属、2698种之多。如今，国内外许多优良的植物品种，纷纷在这里安家落户，成为北溪植物大家族和睦的一员，形成一批令全国、全省刮目相看的一流母种园。譬如，巨桉母种园、肉桂母种园、竹类母种园、马尾松母种园、乡土树种母种园等，它与满布的林果竹浑然成趣，使北溪两岸的森林覆盖率达90%以上，可谓碧水映青山，四季花不谢，天然无矫饰，览景不知节。我想，由母亲河养育的母种园，这当中应增加几多慈爱，几多希望，其包容其涵盖，应该是无极的。

我们漫游华安境内的北溪，一种强烈的感觉油然而生。由于河道宽窄不同，滩濑多寡有别，山势险峻差异，形成了三种风格迥异的韵味。上段37公里，河道上宽下窄，暗礁四布，山深林密，有着深邃神秘的意境。然而，装机容量六万千瓦的华安水力发电厂在此拦河引流，华安县城形成一个数万平方米宽的湖面，泛舟湖中，山光水色纷至沓来，使人处于一种忘我境界。由于截流，被誉为"中国十大奇石"之一的九龙璧就裸露在下游的江底里，蔓延十余里，成为北溪一大自然景观。中段23公里，河道狭窄变曲，水流落差高达54米，有号称"三十六滩"、"七十二濑"之险；两岸山峰紧逼，绿荫相映，险峻雄奇。下段47公里，河面较为开阔。有学者把北溪自然景观括为春之朦胧，夏之雄壮。有的学者把龙头峡、金山峡、龙潭峡称为北溪小三峡，乐在其中，得在意外。北溪两岸如此多姿多彩，奥秘神奇是得益于其特殊的地理区位的，她处于南亚热带与中亚热带的过渡段，海拔跨度大，真是得天独厚，精灵所钟。

地灵人杰，有两百多万年历史的北溪必然产生丰厚的文化沉积。这里有引起专家学者争论不休的省级文物仙字潭摩崖石刻，岩刻自唐以来，其族属、断代、内容、是字是画等问题，已使许多人扼腕搔首，望壁兴叹。仙字潭岩刻未解，石井石刻、草仔山石刻、石门坑石刻等等，像一个个谜团又向人们扑来。这里还有引起国内外人士浓厚兴趣的国家级重点文物保护单位二宜楼。它以规模庞大、设计科学、布局合理、保护完好，雄踞所有土楼之冠，被誉为"民居瑰宝"、"楼中之王"、"神州民居第一楼"、"世界级土楼之星"。此外，上坪明代三土楼也令人赞叹不已。它们分别是建于明万历十八年的齐云楼、万历二十九年的升平楼和万历三十一年的日新楼。从土楼的碑石纪年看，它们位居众多土楼前三名。在一个小区域里保存三座明代土楼，其历史价值是不言而喻的。这里还应该提及的是，北溪两岸不但发现多处新旧石器遗存地，还保存着许多明清时代构筑的人文景观，如龙潭十八景、华山书院、银塘赵匡胤后裔居住地等。

北溪，您是一条胸怀博大的母亲河，母亲对儿女总是这样深情，这样眷恋，这样厚爱……

◎ 大地土楼群游记 ◎ 周 文

　　驾车从厦门到漳州华安县大地土楼群需要两个小时的车程，上高速走省道即可直达，一路顺畅，很少堵车。

美妙序曲

　　进入华安县的潭口以后，更觉这里的山水清幽，空气清爽，全身舒畅，精神焕发。

　　沿着九龙江北溪而上到达新圩，两岸植被茂盛，花果飘香，翠竹连绵。打开车窗，只感到清风阵阵吹来，完全没有喧闹杂嚣之感。从新圩拐向土楼，得盘绕行一段，虽山道弯弯，可这里景致特别迷人，不能不说是华安山区最有特色最典型的山路。感受这样的一段行程，真是观赏大地土楼的一段美妙的序曲。

华安大地土楼群

别致的游客中心

　　当你看到远山近处都是绿油油的茶园时，大地土楼也将展现在你的面前了。我们首先到达的是土楼游客服务中心。这座客服中心是仿照大地土楼群中的众多五凤楼的风格建造的。整幢房子为四方形，四面皆呈五凤楼屋面，显得十分大气和古朴。这也是目前福建土楼各景区中建造最别致、空间最大、设施最完善的游客中心。山门两面的牌匾"大地土楼群"题字分别由前任及现任全国书法家协会主席沈鹏和张海书写，为大地土楼群点上了耀眼的一笔。

沁人心脾的茶香

从山门到福建土楼中最著名的二宜楼还有近一公里的行程，可乘坐电瓶车进去，也可绕着潺潺小溪步行而上，两边都是茶园。我们到达时，正是采茶季节，茶园里那些男男女女、老老少少，几个人围成一小圈，坐在自制的小活动凳子上忙活着。细看他们采茶，手脚可麻利得很。据说快的人每天可采茶青五六十斤，生手只有十几斤而已。我们忍不住也到茶园采摘，可没到半小时，就坚持不住了，大热天还真受不了。茶农说，没办法呀，采茶是不可能在阴天和雨天的。

路过茶香街，阵阵制茶的香气飘来，沁人心脾，不由自主地走进一家，主人热情地端上一杯清淡幽香的茶水，让我们未见土楼先品土楼人家的风格，土楼的伟大更深深地扎根于我们的心田。

"土楼之王"二宜楼

导游先带我们到土楼观景台。从这里可看到大地土楼群的全貌，远处的三座土楼二宜楼、南阳楼、东阳楼及周边一座座排列有序、风格迥异的五凤楼尽收眼底。

导游向我们介绍了大地土楼群的风水地貌。《易经》的运用在这里可见一斑，说明土楼的祖先精通堪舆术。从观景台下来我们首先观看了二宜楼。二宜楼有"神州第一楼"、"土楼之王"的美誉。她在福建土楼的这个世界文化遗产项目中，规模最宏大，历史最悠久，保存最完好，设计最科学，文化内涵最丰富。此外，她是中国古代民居建筑与战略防御结合的经典之作。导游很有信心地说，如果没有来看华安的二宜楼，就不算真正认识圆土楼，有如"不到长城非好汉"之意。

从二宜楼出来，我们又看了东阳楼、南阳楼。这一方一圆的土楼，是二宜楼的建造者蒋士熊的孙子在二宜楼建造完成近半个世纪后才完成的。两座楼的建造者都是经商致富的，都漂洋过海，对"洋"的认识深刻，所以取"洋"的谐音"阳"给楼起名。两座楼的建造环境要比二宜楼来得优雅、富足，更显豪门大气，楼前荷花池塘，楼后古木环抱。东阳楼是中国古代民居追求舒适建造功能的典范，南阳楼是福建土楼中单元式与通廊式建筑风格结合的代表作。正因为如此，南阳楼也成为国家定点的福建土楼博物馆所在地。

南阳楼

在这里可通过导游的介绍和图文并茂的展览，全面了解福建土楼两地三县的所有纳入世界文化遗产项目的各座土楼的特色内容。

回到土楼游客中心，我们了解到这里的服务人员多是从土楼里招聘来的，他们均享受到公司正式员工的待遇，人人精神饱满，脸上挂

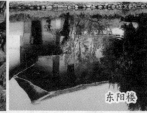

东阳楼

满了笑容，尤其是那些女孩子，都显得清纯可爱，她们对大地土楼的未来充满了信心，对旅游更是乐观。

享美食买特产

导游带我们参观了特色超市、餐厅及娱乐设施，在这里可享受到土楼的特色美食。

华安有名的北溪三味（山味、野味、溪味），在这里均可以品尝到，而当地特色产品目前也正在加快开发，特别是以二宜楼为主题的旅游工艺品、工艺小吃正方兴未艾，以茶做文章的更是繁花似锦。客人到茶叶主产区仙都，不带上一点本地产的铁观音，也会感到枉此一行。茶叶在当地售价因季节不同有很大区别，但毕竟是产地，要比城市实惠得多，且这里民风淳朴、热情，定会给客人留下深刻的印象。如果是下午来参观，晚上可在客服中心就餐，有兴致的话来一段卡拉OK，再到附近农家旅馆住上一宿，第二天到华安的其他景点再溜达一天，真正享受山区的特色旅游，也称得上放松心情，感受清凉，其乐无穷！

感悟绿色山水

◎ 仙字潭漫笔 ◎ 陈文和

一

几面刀砍斧削般的峭壁，几片古老的历史的残简。

残简上留着几处"仙字"。

"仙字"有的经过漫长的风雨剥蚀，已漫漶不清了，但先民的历史却没有风化。

你静静地伫立着。

伫立在九龙江上游——华安的汰溪上。

伫立在这先民曾经生息过的偏僻的山野……

似乎在期待着什么，

似乎想诉说什么。

风在流动，

云在流动，

一泓清潭水带着鱼影在流动。

只有你——潭壁上的摩崖石刻，似乎永恒地凝固……

二

多少考古专家来蹀躞过，

多少历史学家来审视过，

多少古文字行家来辨认过……

惊羡，感叹。

感叹，惊羡。

传说中的"天书"是神秘的，越是神秘的东西越具有魅力，越能引发人们探究的兴趣。就是这几处"仙字"，拓印者曾用汗水、墨汁，掺和着濛濛的雾气，用纸把它拓印出来，送到了唐朝大文学家韩愈的案头，送到当代著名诗人、历史学家郭沫若的案头……

它始终是个解不开的"死结"，始终是个难以破译的中国"斯芬克斯"之谜，但人们并没有就此却步。专家学者、文人墨客仍接踵而来。

人们在继续揣摩、分析、考证，继续沿着先人的凿印驰骋自己的想象，拓宽自己的思维……

三

我曾不只一次地像鸟儿来拜访你。

我不是为寻求答案而来的。我是个凡夫，它的谜底是什么？答案是什么？我不可能也不想去揭开。

我是个歌者。我是为寻找感觉而来的。

我只想走近你，期望自己的诗心与遥远的原始石刻作家，在瞬间邂逅、相通……

你我之间像隔着什么，脚下就横隔着一泓泱泱的绿水。

在湍湍的溪流中，裸露着许多黝黑的石头，它们像只只水牛卧伏在水中。有人踩着"牛"背走过去了，我却不敢冒这个险。

因此，前几回我只能站在你对面的河滩上，不远不近地看你，朦朦胧胧地看你。

那时我无法看清你全部丰富的表情……

四

这一回，我与你之间的距离缩短了。

乡里弄来了一张竹筏，筏工把竹篙轻轻一点，就把我像轻云般地渡了过去。

终于上到对岸了。

我和黝黑的崖壁是这样的贴近，贴近到能听到你的呼吸。

导游告诉我，这折叠的崖壁是一种火山岩，我抚摩着它，有一种炙手的感觉，莫非它的体内还流动着火山的血液？

岩石斑斑驳驳，夹缝处生有绿苔或狗尾草。几处古代的"仙字"，现在都袒露在我眼前了。

我一次又一次地用布满神经的手指，接触它的凿痕。凿印很深。这

感悟绿色山水

当然不是什么"天书",什么仙人写的"仙字",也不是自然的造化,而是先民用比火山岩还硬一两度的、粗砺的石英石,一笔一画雕磨出来的。

毕竟度过了四五千年的悠悠岁月。

真是海内罕见的奇珍。

这是古代先民一场场欢歌狂舞的场面吗?

我仿佛看到一群群舞者,手舞足蹈,翩翩而来。

没有飞旋如花的手帕,没有轻盈柔美的长袖,却以自己赤裸的身体展现最原始、最淳朴、最粗犷的舞姿。

男舞者扬手下蹲,两腿最大限度地叉开;女舞者踏地为节,向天空炫耀丰满的乳房。

他们陶醉于自然,陶醉于天地。或许是一种约定俗成的欢庆,也许是生命意识的自然、毫不掩饰的流露……

让时光倒流吧!

让古代风流和现代意识融合吧!

我真想沿着仙字铺设的桥梁,走上前去,跟他们握手,并带领着他们到霓虹灯光忽闪的现代舞场中来……

一个著名的当代文学家在观赏后说,这不像是象形文字,倒像是一组组儿童画。

文学家不需要诠释,他凭感觉说的话,有时也富于启迪……

说它是儿童画,当然不是说它是出自于儿童之手。但古代的那些大人石刻作者,不正处于人类的幼年期吗?

这是不成文的原始文化。

中华民族的文化大树,是由千百个民族的文化根系组成、支撑的。

也许,仙字潭摩崖石刻是至今留下的颇为璀璨的一枝……

游贡鸭山森林奇石公园

李金城

"闽南有座贡鸭山，三个山峰紧相连。远观好像美姑娘，近看犹如百兽园。"这首诗是笔者有感而作的，也是对华安贡鸭山国家森林奇石公园风景的真实写照。贡鸭山森林奇石公园坐落在华安县马坑乡的贡鸭山村，总面积十多万亩，主要由贡鸭山风景区、和春乡村风景区、高石五指峰风景区连接组成。

这里气候宜人，天然石动物种类繁多，形象逼真，景观奇特，最适宜游览避暑。从华安县城出发，沿着蜿蜒的公路前进，途中可以看到像一条巨龙的九龙江，南溪99弯，南溪峡谷，飘来飘去的云海，如入仙境。行驶近一个小时，经过神奇的五指峰，远观神秘的"闽南小西藏"，来到了由贡神峰、麒麟峰、三畲峰的三座山峰紧紧连接形成的核心景区。路旁一棵古树拱成一个"山门"，走进"山门"，就进入了天然的石动物世界，形态各异，目不暇接。

攀天藤

走过珍贵的"红豆树"、古朴天然的"石拱桥"，仰望"攀天藤"，谛听怪石群下潺潺流水声，依稀可辨水流的方向，但奇妙的是看不到水流的痕迹。再往上走，一个由大石拱成的洞穴，宛如龙口。一股清泉从龙口渗出，人称"龙吐水"。水清甘洌，手指一触水，凉彻全身。喝上一口，提神解暑，精神倍增。难怪村人说："喝了龙吐水，丑女也变美。"传说古代东海有一条恶龙，随"鸡公精"前来贡鸭山争夺风水宝地，被观音菩萨发现，就把这条恶龙点化成石，并让它张开嘴吐出清澈甘甜的水，永远为贡鸭山服务。于是，又有了"观音坐荷莲"等许多景观。

沿山攀登，经过"美人鱼戏弄猪八戒"、"回音台"、"万斤顶"、"龙舌"、"飞来被"、"仙人洞"，走上"天桥"，便可目睹"试剑石"上的剑影。一块又薄又高、长12.6米的"石刀"令游客惊叹不止。上了贡神峰顶，但见"飞来蛋"、"龟兔赛跑"、"女排扣球图"、"鹰嘴岩"、"皇帝椅"、"石盆景"、"金龟送宝"、"恐龙"、"皇帝椅"、"发财

感悟绿色山水

树"、"天狗梦月"等千姿百态的景观，真是天造而成。最让人叫绝的是那长7.3米、宽4.2米，重达200多吨的天然动物石奇景"天狗梦月"，它从悬崖石壁中伸出头来，鼻子尖尖的，嘴张得大大的，还有微闭着的双眼，似醒非醒，似睡非睡，被称为"天狗梦月"，又名"万年睡不醒的天狗"，形态十分逼真。经有关专家实地考察，认定"形象逼真、高大奇特、世上罕见"，被誉为"天下独一"。登高望远，经过一座座面包山，隐约可见百里外的九龙江，真是"贡鸭山上观龙江，北溪三峡好风光。巨龙穿过千重山，龙江风格全国传"。

从山顶往左下，来到了"凹"字形贡神架，往左侧进入探险区，映入眼帘的是一大片千姿百态、栩栩如生的砾石，遍布山坡，从贡神峰一直伸到麒麟峰、三畲峰，把三座山峰的怪石群紧紧连接在一起，犹如千万只水鸭在丛林中拍翅浮游。其中一只鸭王冲到贡神峰顶生下一个巨大的鸭蛋，飞上麒麟峰顶才变成石鸭。它的嘴、头、眼睛与真鸭十分相似，被称为"鸭王出洞"，因此形成了"母鸭迎宾"的佳景。

贡鸭山不仅是避暑旅游胜地，而且是国内罕见的动植物基因库，山上南亚热带常绿阔叶林，具有很高的研究价值。林中有一棵游客喜爱的古老红豆树，远看鲜红夺目，走近细看，果小巧玲珑又坚硬如铁，其形扁圆如豆。由于海拔高、环境特殊，这红豆不怕虫蛀，又不褪色，成熟期种子落下可延续八个月，多么可爱呀！据说这棵古老红豆树，三年才结一次果，这使游客觉得特别珍贵，都要找几粒，作为永久纪念品呢！

在贡神架有"夫妻树"、"千手观音"、"老虎屁股摸不得"、"母鳖下蛋"、"一个好汉三人帮"、"鲨鱼嘴"、"夫妻床"、"夫妻洞"、"巨轮石"、"济公帽"、"一线天"、"龙门"等，还有探险区的"藏宝图"、"银蛇出洞"、"老鹰捉小鸡"、"蝙蝠王"等许多奇特绝妙佳景，形成了一幅独特的"百兽图"。往麒麟峰上行，可看到"月亮洞"、"牛王"、"大熊觅食"、"翠鸟戏鲨鱼"、"千里马"、"野猪出洞"、"海豚起舞"、"响鼓石"、"天门"、"大肚佛"、"群龟越山赛"、"和平鸽"、"生命之门"、"醒狮回头"、"鸭王出洞"、"飞鼠"、"彩云归"、"情侣石"、"绿色长廊"等许多奇景，真是说不清也数不尽，最为突出的是那

天狗梦月

天然特大的"群龟越山赛"，堪称一绝。石龟的头、背、脚与活龟十分相像，仿佛一群龟在拼命往上爬，争先恐后。"石龟群"总长31.7米、宽7.6米、高5米，重达三千多吨，石龟群背上可坐两百多人，规模之大，形象之逼真，被人们誉为"天下第一天然赛龟群"。还有那"响鼓石"，外形像穿山甲，脚上去踩一下，就听到"咚"的一声，多踩几下，

就听到"咚咚咚"的鼓声，鼓声荡气回肠，不绝于耳，好像古代军队击鼓而行，令人称奇。"大肚佛"，肚围13.9米，高7.6米，胖墩墩的身躯，笑眯眯的嘴巴，它挺着大大的肚子，圆圆的屁股坐在大山顶上，好像是天上玉皇大帝派它来看管这一地方似的。贡鸭山目前发现天然景观一百多处，各种各样的天然石动物种类六十多种，其中有十二生肖石。石动物种类之多，形象之逼真，形成了它独特的风格。难怪，全国明日旅游热点考察队实地考察后，称赞这里是"世上珍闻、天下罕见的天然石动物奇观"；中国著名摄影家徐肖冰、侯波夫妇特为此山题词"八闽奇观华安贡鸭山"；被誉为"当代徐霞客"的独脚单骑环游全国的内蒙古孟向乐，登上此山后赞不绝口，并题词"走遍万水千山，贡鸭山可谓一绝"；荣获世界杰出艺术家奖的原中国文联副主席吕厚民，也特为此山题词"贡鸭山旅游胜地"。

　　大自然的鬼斧神工，经过了几百万年的雕塑，造就了贡鸭山这气势磅礴的石动物世界，令人心驰神往。如今，贡鸭山已被批准升格为华安国家森林公园，首批第一个"福建省摄影家创作基地"，列入华安县重点旅游开发项目。

　　贡鸭山定将吸引越来越多的游客。因为无论酷暑或清秋，也不管蓝天丽日或月夜清风，贡鸭山总有它独特的迷人之处。

感悟绿色山水

◎ 奇石溢彩山含秀 ◎ 许崇安

我到过南京中华门外的雨花台，曾在雨花台烈士碑后的山坡上、墙崖边挖过雨花石。那时是怀着对革命烈士的崇敬和特殊激情去挖的，那晶莹圆润的石英卵石，据说是烈士血肉之躯凝结成的，象征着无数革命先烈纯洁和坚贞的气质。我到北戴河疗养过，曾在那一望无际的广阔海滩上捡过海沙石，那光滑明亮、剔透灵秀的卵石，给这个著名旅游胜地增添了斑斓璀璨的色彩。我参观过福州寿山石雕厂、华安九龙璧加工厂，那质地坚硬且多姿多彩的寿山石、九龙璧和那琳琅满目、栩栩如生的石雕，仿佛把我引入了迷宫般的艺术殿堂。那一件件、一尊尊石雕精品，仿佛给原先那呆滞、僵冷的石头，注入了活的生命……

去年冬天，我在华安县马坑乡的贡鸭山，感受到的却是另一番天地，另一种景观！海拔一千三百多米，方圆十几里，重峦叠嶂，除了保护完好的几千亩天然次生林带，就是看不尽、数不清的悬崖怪石。它们高大、浑厚、崔嵬、奇特，每一块都是那么黑褐结实，宛若鬼斧神工、钢浇铁铸。更奇特的是，每块石头，都像某一种禽兽动物，大至石恐龙、石狮、石马，小至石兔、石鹦鹉，神化了的天狗、美人鱼以及海豚、穿山甲、石猩猩，形象逼真，活灵活现。如果说，贡鸭山是一座千奇百怪的石头山，倒不如说是一幅巧夺天工的百兽聚会图，是一座神奇的、令人叫绝的动物园！

沿着蜿蜒的山峦走上去，在两座山峰之间的峡谷中，有一条宽十几米、长数百米的山涧，从上到下堆满了累累石头，大小不一，奇形怪状。山泉从上而下奔流不息，我们踩着一块块石头拾级而上，奇怪，只听见脚下潺潺流水声，就是见不到水源，这么多的石头，为何都集中在这条山涧里呢？说是水流，其实是石流，是石头的叠叠盖盖，固定和保护着水的流动。民间传说，在远古年代，有个人用仙法把一大堆石头点化成一群鸭子，诈称要赶往京城进贡，实欲推翻腐败王朝，重建新朝，建造巍峨壮丽的宫殿。当这群鸭子行至草仔山村时，遇见一位坐月子的妇人，

金龟送宝

鲨鱼嘴

野猪出洞

她诧异地说："这么多的石头，怎么会走动？"一语道破天机，仙术失灵，石鸭恢复石头原状。这石流就是鸭群行走的路线，"贡鸭山"因此得名。我无意去考究这民间传说的真伪，但我却十分欣赏这大自然的杰作，为我们留下远近少见的石流奇观！

石盆景

"山不在高，有仙则灵。"贡鸭山的石头，不但塑造了各种各样的动物形象，还塑造了不少神佛仙景。有块大石，底盘牢固，上端宽广平坦，可坐十几人，人称"八仙石"，附近有龙吐水、霸王洞等景观，隐隐可见吕洞宾、何仙姑等八大仙人。在笔架峰的半山腰，有块连接山体的巨石，人称莲花石。后人在这里建了观音亭，摆了石香炉，设了添油香，香火兴旺。我们到这里时，正好遇上了一个做生意赚了大钱的外乡农民，特地赶来还愿。他摆了供品，敬了香烛，放了鞭炮，捐了钱，把这幽静的山谷给搞得热闹起来。陪我们上山的村里干部笑着对我们说："开辟旅游区投资大，全靠国家投资有困难，还得靠群众集资，积攒一些钱来造桥、修路、建亭，改善旅游环境！"

贡鸭山石多林茂，天然林木有四百多种，石供着树，树连着石，相得益彰。这也是贡鸭山的一大特点。在山上那硕大、秃立的大石壁上，盘绕着一棵棵根须粗壮、枝干挺拔的树木，它的根须依附在石头上，裸露在天地间，既见不到一捧沙土，也不见尘灰杂物，全靠石头供给养料、水分，日复一日，年复一年，与石相依为命，从不分离。石头就是山树的母亲，山树给石头注入了生命，带来了生机，增添了春色。有一处叫"石盆景"的景观让我们啧啧称奇。那是一块有数米宽厚的石台，长着一棵一米多高、树冠稀疏、枝叶润绿的榕树，据说已有数十年树龄了，不管是风吹雨打、霜雪侵逼，还是烈日暴晒、干旱熬煎，都无法压垮它。在漫无人烟、高寒的山峰尖，在无依无靠、光秃秃的石头顶上，一株小小的榕树，竟然能扎根生长，为大自然增添生命的色彩！作为大自然的主人，我们又有什么克服不了的困难，又有什么奇迹不能去创造？

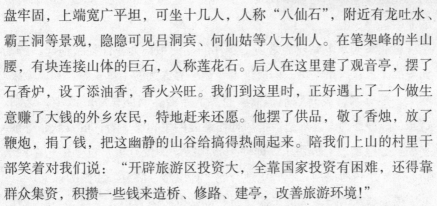

感悟绿色山水

◎ 哦，坝上的湖泊 ◎ 杨炳西

　　崇山峻岭、重峦叠嶂之中的华安县城，萦绕着九曲回肠的九龙江。这九龙江水时而浩浩荡荡，奔涌向前，时而轻吟慢咏，散步似的迈向远方，形成九龙江九滩九濑十八潭的独特景色。蘸满江流的水是墨，不息的时光是椽笔，书写着华安发展的历史，记载着华安人民多少可歌可泣的业绩。

　　自从华安水电站建成之后，雄伟的拦河坝把九龙江拦腰抱起，汤汤而至的江水在这里汇集，构成坝上一湾平静深远的十里长湖。和风徐来，吹皱一池春水，波光粼粼，似满腔热情洋溢。当你在湖畔散步，这湖、这水，娴静、温柔、舒适。清风伸出慈爱的手，摩挲着你的发肤、襟袖，平添三分慰藉、七分快乐，即使愁肠百结、惆怅至极，也会被这浩淼清新的湖光水色所涤净，心底怡地升起一种坦然、惬意、甜蜜的感觉。

　　值那绿水清澄、天霁云淡之时，湖水倒映着青山，一抹蓝、一抹绿，湖畔的高楼步入水中擦拭，白云似纱罗帐，在湖中漂洗，其状隐隐约约，其情含羞欲语。也许你不善作画，却想挥动画笔，绘下这清奇俊秀、如歌如诗的画图，以志珍惜这大自然的慷慨赐予。

　　最富于情趣的，要数华灯初上的傍晚时光，湖畔的路上，有怡然彳亍的老人，有意气风发的青年，一并领受着风的问候、波光的点头致意、路旁小柳的招手。两岸灯火、天上星星在湖中会合，银光烁烁，似在交

谈着天上与人间的情趣，人间与天上的生活。此时，你会发现，这熠熠灯光，是湖的心灵闪烁；这沉沉夜景，是湖泊在思索。假如你破费几毛钱，租一叶小舟，与挚友、恋人飘荡在湖面上，或慷慨陈词，或喁喁细语，尽可酣畅淋漓，一抒胸臆。此时此刻，你会心荡神驰，以为人间舒坦快乐皆备于己，而忘乎所以。

当你在堤坝的桥上散步，耳闻隆隆雷声，会抬头观望，晴天丽日，哪来雷声？循声走去，那是闸门放水。倾泻而下的巨大水流，撞击在嶙峋嵯岈的石堆上，汹涌澎湃，激起几十米高的水柱，扬起千万朵冰清玉洁的浪花，其声轰隆轰隆、铿铿锵锵，作千古激越男儿叱咤风云之声；其状突兀瑰奇、势不可挡，似万马奔腾，状古今沙场鏖战波澜壮阔之情景。值此时，尘世烦扰之心悄然退尽，卑怯市侩之情愧然蹑影，胸襟豁然宽广，激情油然猛增。嗬！天下男儿志气一臻于此哉！

哦，坝上的湖泊，华安山城因你而增秀色，你因华安山城有了依托。你爱这儿人们的淳朴，你爱这里如火如荼的生活。岂止端庄、秀丽，每时每刻，你都在排列着力的新组合，以万钧之势，向新的方向冲刺、拼搏，去创造光明，去创造新的生活！

哦，我知道人们挚爱你的缘故了。当人们在领略你的风采的时候，他们也在思索，以你为骄傲，以你为楷模，在计划新的征程，在酝酿新的拼搏，在构思无愧于你的开拓！

◎ 船 家 女 ◎ 青 禾

我们一行十几人，从新圩下船顺流而下，到海澄上岸，在船上度过近两天的时光。

这是一条乌篷船，新船，夫妻船。在岸上，当我们看到这条船时，便为之雀跃欢呼，我们要把两天的时间交给北溪，我们感激华安县领导为我们安排船只，但没有想到是这么漂亮的一条新船。

湖色的船台，高高的驾驶室也是湖色的，还装着玻璃，把早晨的太阳和两岸的青翠也装进去了。船板全是新漆的桐油，光亮照人。我们全脱了鞋子，我穿着尼龙袜子，差一点滑倒了。船家是一对清清爽爽的夫妻，三十岁左右，男的微瘦，女的健实，对我们微笑，雪白的牙齿，黝黑的皮肤。我们一上船便夸他们的船，新，亮堂。女主人蹲在船板上，用抹布和小纸板清扫我们带上来的沙，动作麻利而优美。她整理我们的鞋，把它们一一摆在一块塑料布上，时不时抬起头来，露出一丝满足而羞涩的微笑。我说，弄脏了你的船。她说，没什么，扫一扫就干净了。我说，干净得像床铺。她说，船家人都是这样。以后，我看她一有空就拿起抹布，不停地扫着，不留一星半点沙子，没有一刻清闲。

同伴们散开来，三五成群，或照相，或聊天，或看风景，或发议论。懒散的，便躺下去，头枕绿波，脸对白云，悠悠然。

马达声响了。有人提议放鞭炮。船家很高兴，这是这条新船的第一次航行，又载着这么一些城里的文化人，很风光。鞭炮声很响，最后一门炮在水面炸开，水花溅到我的脸上。我很激动，默默地祝愿船家一帆风顺，兴旺发达。

我在船头，看船家女撑竿，帮她做饭，和她聊天。五六米长的竹竿，在她手中，仿佛比我手中的笔还轻松，时左时右，竹竿起落，干脆利索，居然没有带出半滴水珠子。而她把竹竿随随便便地横搁在船舷上，居然一动不动。我怕它滑落，随时准备抓住它，而它却悠然自在，轻晃起来，仿佛只是为了吓唬我。我不知怎么的，想到小孩。记得小时候也坐过这种船，船上，小孩的腰上捆着一条绳子。我因问她小孩多大了，她说："一个8岁，读小学，一个4岁，都住在新圩外婆家。""男的？""女的，两个都是。""女的也一样。""不一样。"她的脸上掠过一阵惆怅，我连忙说："以后选一个英俊的后生招进来。"她说："谁愿意呢？人家的儿子都是宝贵得很哩。"后来，我了解到，原来她的丈夫正是从沙建招

赘来的。我便说："你刚才还说没人来哩，你自己却把这么好的后生招来了。"她笑了，有些不好意思，又有些自豪，说，"像他这样的人，没人要，要不是我父亲看中他，我才——"，这时，溪面上响起一片濑声，她扔了话，警惕地站着，手握竹竿，像一个战士手持钢枪，那么威武而雄壮。我也站起来，有些紧张。过濑了，听说，这是最险的濑，好像叫天宫大濑。她一边朝驾驶台嚷着，指挥着丈夫，一边挥舞着竹竿，左撑右点。我连忙缩回脑袋，闪到一边，坐下来。看她来回走动的脚，看她全力支撑的腰，看她伸展有力的手，那矫健，那优美，简直是力的舞蹈。

做饭的时候，她像变魔术般，从甲板下变出两个炉子，一个烧煤炭，一个烧木柴。煤炉烧开水，柴炉煮地瓜。我帮着添柴火。我担心火星落下来，她说不会，几十年都这么烧，没出过事。我说："你没一刻闲着，一定很累。"她说："做惯了。现在好多了，有马达，不用人撑，只是有时拣拣水路。"我问过去两岸土匪的事，她笑笑。显然，那遥远的事情，她和我一样陌生。我问她这船得花多少钱，她说，两万多元。我想起一句船谣："船赚船吃，船破做乞食。"显然，这对于她也是遥远而陌生的事了。

太阳晒在背上，我躲进船舱，她也进舱喝水。我问她壁上供的什么神，她说是"山格大众爷"。是哪路神仙，她也弄不清，祖祖辈辈供下来。我说，我也拜神仙。她于是很高兴，说："这次到海澄，明天便拐到漳州旧桥头，那是'闹热'，拜神做戏，全是我们船民，到时，你去看看。"我说："过的什么节？"她说："不知道，反正每年这个时候都去，出钱，做戏，热闹，图个吉利。""你的女儿将来干什么？""不知道，读

感悟绿色山水

【海峡二十七城市历史文化系列】

书,也许还回来。"她看着江面,仿佛在回忆她的过去。她从小在船上,船上生船上长,她的女儿也走她的路吗?她不知道。然而,她的船上放着一盆茉莉花。她祈望的应该不仅仅是现在的生活吧!她说:"你们真快活!"我说:"你的女儿将来会比我们更快活。"她笑了,说:"哪有那个命呀!"这时,她显得格外年轻,光彩照人。

船在浦南靠岸,刚刚停住,她便放下竹竿跳到水里,赤着脚跑过沙滩,跑上岸。她手里拿着一本蓝色的本子,要去检查站盖印子。这印子不盖,船不能往下走,要走也行,得罚款。远远的有一棵大榕树,树下一所两层楼的白房子,那大概是检查站了。她在台阶上碰到一个男人,男人拿过她的本子,她从男人手中接过几根竹子,转身跑到码头的另一端,把竹子放到手扶拖拉机上,又匆匆跑回来,上台阶,进了那所房子,一会儿,拿着蓝本子,匆匆跑回来。我们在船上看着她,猜测着她和那管印的男人说些什么,为什么要替他拿竹子。她笑哈哈地跑过沙滩,把本子扔在船上,一边朝驾驶台上的丈夫喊道:"走。"她一边推着船,当船后退的一刹那,她已经跃上船,拿起竹竿了。我第一次在现实中感觉到"身轻如燕"这四个字的含意。我们问她为什么帮那人拿竹子,她说:"他要我等他拿了竹子再盖印,我说我帮你拿竹子,你盖印吧,这样快一些。"我说:"盖印难吗?""不难,只是有一次,我找不到人,没盖成,他们反而说我们故意不盖,要罚款。其实,我真的在那里喊了很久,他们的门全关着。"我们都笑了,这样的事情常有。仿佛理都在有印子的一方,见怪不怪。她也笑了,笑得很坦然,仿佛吃点冤枉也是正常的,没什么好计较。

船到海澄已是第二天中午12点多了,船家还没有做饭。她说,不要紧,我们吃饭从来是没有准时的,有时搁了浅,就不吃了。临别时,她说:"东西别忘了拿。"

我们上了岸,他们便往回走。他们要到石码替人家买东西,然后到漳州,过水上人家的"闹热"。我想,许许多多的船摆在江面上,放烟火,放鞭炮,看戏,喝酒,拜神,一定很有趣。

上了岸,九龙江北溪之行便告结束。大家都耍笔杆子,他们不知道写些什么。我本来想写两岸的风光,以及历史和古迹,发一番感叹,却不知怎么的,写下了这名不见经传的船家女。这也是没有办法的事。

◎ 竹 种 风 情 ◎ 邹清水

　　她静静地依偎在九龙平湖的山坳，感受着山城大地剧烈的心跳，梦想那有朝一日更加容光焕发、美丽动人！

　　华安竹类植物园已建多年，日见规模，它就像一位养在深闺初长成的秀女，其风姿绰约早已外扬。为亲眼目睹这位少女，体验她律动的青春气息，分享其时时散发的阵阵芬芳，我来到了她的身边，默默地而又情不自禁地发出了内心的震撼。

　　站在远方，看那一片片、一丛丛郁郁葱葱的竹种林，似一个个年轻女子的秀发，沿着那弯弯曲曲的山坡泼洒，显得飘逸、柔美、有韵律，引发你的无限遐想。晨曦里，绿竹林沐浴着春雨秋露，更显青翠欲滴、妩媚动人；阳光下，多姿多彩的竹叶阳光闪耀、变化万千；微风中，竹林随风起舞，秀发婆娑妖娆；大风来，一棵棵竹子手牵着手，相互拥抱，迎风破浪，如万顷波涛，似引吭高歌。竹林，四季常青，青春常在；竹笋，月月破土，成长迅速；竹园，天天茂盛，愈发壮丽。

　　走进竹林，一行行、一丛丛竹子映入眼帘，此时此刻，330种各具特色的竹种有如许许多多姑娘女大十八变的身段与脸庞，让你尽收眼底，一饱眼福；千姿百态的竹竿和竹叶，就像她们变幻万千的腰身和眼神，让你目不暇接，飘飘欲仙。佛肚竹，如适龄有喜的青春少妇，含羞中透出一丝自豪；大泰竹，似亭亭玉立的美妙女郎，紫光四射，典雅高贵；银丝竹，像活泼浪漫的少女，蝴蝶千结，万丛飞舞；吊丝单竹，有如姑娘长长的辫子，左右摇摆，天真可爱；观音竹，是养在深闺的小家碧玉，得细心呵护，倍加珍爱；花毛竹，称得上T型舞台上的新潮模特儿，飘

飘然，清丽、纯洁，百看不厌；黄金间碧玉竹，是典型的东方女性，象征勤劳、勇敢、智慧；还有那斑竹，更是凝聚了多少宫妃的辛酸血泪，印证了无数民间贫女的凄凄伤悲……任你的思绪奔涌，任你的灵感闪现，多少美女在竹种园里遨游，多少传说在这里汇集。漫步在竹种园中清洁的卵石道上，你或许会听到林中"吱吱"作响的清脆的声音，你或许会看到一张张露出笑靥频频致意的清秀面容，你或许还会感受到这里温馨亲切的真情！历代文人墨客颂竹、吟竹之句数不胜数，如"无情有恨无人见，露压烟啼千万枝"、"独坐幽篁里，弹琴复长啸"、"湘妃祠下竹，叶叶着秋声"、"衙斋卧听萧萧竹，疑是民间疾苦声"。现代伟人毛泽东更是写下"斑竹一枝千滴泪，红霞万朵百重衣"的名句，这些都赋予竹深深的情思，更描绘了一个个东方女性活生生的纯真、善良、多情、动感的形象。

当我即将离开竹种园，依依不舍地告别这些多情的女子时，远处传来了阵阵歌声，我的心不由得再次为之震撼。循声而去，但见雕刻精湛、建筑独特的高山族和畲族民居临江而立。登上瞭望哨，秀美的山城一览无余。听，高山族的歌舞雄健有力，粗犷豁达；看，畲族的表演韵律悠扬，回味无穷。竹种园，因有了这乡土风情表演，更增添了无限乐趣，而这位静心修养的初成倩女，也因有这轻歌曼舞的伴随，欢度青春岁月，装扮得更为多姿亮丽！

情有独钟竹种园

◎ 邹银河

位于华安城关东北角的竹类植物园，是人们劳动工作之余的好去处。

人各有好，情各有钟。对于竹，我是情有独钟。工作闲暇，每履竹种园，我最宠的就是那片翠绿盎然的修竹林。

沿着林间小道走，一路修竹亭亭玉立，生机勃勃，纵目四望，远山近景，诗情画意。清朗的修竹，纤细的黄竹，柔软的草竹，遒劲的石竹，高大的龙竹，厚实的苦竹，刚强的斑竹，颀长的秋竹，坚韧的毛竹，还有那高耸入云的壮伟的马尾竹。满瞳呈竹，满瞳尽竹。各种竹类应有尽有，高矮相间，粗细交错，五色斑斓，百态横生，这里真是一部竹的百科全书，一个竹的多民族的王国！

如果您是丹青妙手，在这里，无论什么时候，也无论什么角度，打开画夹，就可以为这美而不俗、艳而不妖的修竹，摹下动人的形象，给人予美的享受。郑板桥的《修竹图》，也许就是在竹林间憩息时所作的吧？画面上的几株遒劲刚直的修竹，枝繁叶茂，蒸蒸日上，枝丫随风摇摆，摇曳多姿，真是寓刚于柔，寄柔于刚，神态逼真，楚楚动人，雅致脱俗。"刚毅四时直，虚心节节高"，它不但概括了修竹的性格，而且总结了做人的道理，这也正是修竹的风格写照。

如果你能诗会文，在这"蝉噪林愈静，鸟鸣山更幽"的竹林里，尽可以任凭思绪飞越，用最优美的诗句，颂扬千娇百媚的修竹的风姿。古往今来有许许多多的文人墨客，曾经匠心独运，为修竹留下了不朽的篇章。刘禹锡的"桃叶传情竹枝怨，水流无

限月明多",读来着实如泣如诉,哀婉动情;而李白的"野竹分青霭,飞泉挂碧峰",读来又是多么的气势磅礴,跌宕起伏!我佩服诗人的睿智,他们能在生活的体验中,融进自己真实的感情,以金玉般的语言,铸出了美的形象,陶冶了人们的情操,净化了人们的心灵,愉悦了人们的情感。

倘若你与诗画无缘,那也无妨,这儿有一种特别的氛围。只要你在竹林间信步走走,翕动翕动你的鼻翼,就会感觉到这里空气洁净清新,沁人心脾。一天劳作所带来的倦怠,很快被通通驱除了,心胸豁然开朗,顿感神清气爽,心旷神怡。

当你漫步在林间小道上,择个妥当的地方,坐下来小歇,翘首遐观竹林全貌:莽莽苍苍,青翠欲滴,微风拂过,竹梢无际。此时,你会觉得自身似乎处在虚无缥缈的仙境之中。都说人间仙境在蓬莱,其实,我们祖国辽阔的山川大地,仙境何止蓬莱一处?对我来说,这片美丽的修竹林,就是一个令人流连忘返的仙境!

◎ 九龙大观园纪游 ◎ 王仲萃

　　关于华安九龙大观园，省内新闻媒介已作过很多报道，但我却始终没有弄清它的含义。最近我才知道大观园原来半是旱路，半是水路，旱路观石景，水路则山、水、林兼而有之。

　　这一天，我与华安县一些同志同游北溪。车从华丰镇出发，沿溪边公路蜿蜒南去，转眼便来到龙头峡。这里是北溪石头最大、最典型、最集中的地方，现已辟为九龙璧公园。峡谷之上，巨石累累，堆叠如山，大的如百间屋，小的如集装箱货柜，或方或圆，或卧或突，光滑圆润，花纹纵横，色彩斑驳，每块石头都像是一幅气势磅礴的山水画。我国明代著名的旅行家徐霞客曾两游北溪，留下了精彩的游记，但他看到了这一带的汹涌险恶，却未领略到九龙璧的可爱温顺。我们踯躅在裸露的巨石之间，仔细审视这玉雕大家庭的每一个成员。我感到，它们既不像黄山、张家界那样锋芒毕露，也不像武夷、桂林那样俏丽飘逸，而是和泰山、太姥一般古朴、稳重、慈祥、老成，甚至连外观都很像——一张堆满皱纹的古铜色的脸，给人一种强烈的立体感。

　　问起这些石头的来历，导游小林介绍说，这是两亿多年前的海底沉

九龙璧公园

感悟绿色山水

鲤鱼滩

积岩，由于地壳运动，在与花岗岩接触中，受地压作用变质而成的。它的质地坚硬，光度很强，玲珑剔透，酷似碧玉。古时它被称为"茶烘石"，是献给朝廷的贡品，康熙皇帝用过的茶烘石枕，至今还保存在故宫博物馆里。但是，过去几十年，县里竟无人知道此事，直到前几年闽东南地质大队来此勘探才发现。人们给它起了个新名，叫九龙璧。1990年它参加北京亚运会举办的观赏石展，被评为"中华十大奇石"之一，受到国内外专家的好评。从龙头峡到金山峡10公里的距离，一路看去很像一条玉雕走廊。储量达十多亿吨的九龙璧，除了供观赏之外，还可以雕琢成石枕、玩具等工艺品，供应市场，颇有开发价值。

离开龙头峡以后，我们驱车来到距城关20公里的新圩镇。这里有一个渡口叫古榕渡，古榕渡前面有一个大沙滩，叫鲤鱼滩。我们 登上去，立刻就为光怪陆离的鹅卵石所吸引。人们都爱雨花石，我倒觉得这里的石头比雨花石还胜一筹，最大的特色，就是很多石头上都有黑色的花纹。这些花纹浓墨重彩，既粗犷又豪放，如丁仃的书法、邓林的国画，如游龙，如异兽，如浮云，如山水，如美女，如仙人……有的一看就懂，有的则不知其为何物。老潘捡的一块稍大的石头上有幅画，究竟是人是兽，谁也猜不透。我捡到一块巴掌大的石片，上面是一少女的半身坐像，人朝前坐着，转回头来看背后，眼睛、头发都很像。有位同志说，上个月《福建文学》的封面，就用了这样一幅画，于是，我更加爱不释手。至于那些或圆或扁、花花绿绿的九龙璧，每人都捡了不少。一个多小时的收获，足够办一次小型的奇石展。

11时从古榕渡开船，顺流而下，游览北溪的山水风光。眼下是枯水季节，但北溪似乎有点例外，宽阔的水面深不见底，更难得的是没有半点污染，缓缓的溪流像玉带一般晶莹可爱。

北溪两岸的绿化已经达到了相当高的水准。船在青山绿水间徐徐向前行驶。观赏着两岸郁郁葱葱的林带、密密匝匝的麻绿竹，心中有一种说不出的畅快。我忽然想起四年前西双版纳之行，那一次我们从景洪坐船到橄榄坝，领略了澜沧江两岸的秀丽风光，今天北溪所见与澜沧江何其相似。近午时，船在天宫大濑停泊。下去捡石子，所获不多。中午在船上野炊，吃芋头稀饭，领略农家风味。饭后，继续开船。江上一船独行，没有一丝喧嚣，显得格外幽静，一些停在江边的连家船，涂着蓝漆，如同画舫，俨然成为九龙江上的一大景观。这是我怎么也想不到的。

进入利水地界，河面渐渐拓宽，靠西岸有一片三角形的沙滩，那是利水温泉。看两边山头，利水林场几年前营造的万亩美国湿地松，已经郁闭成林，翠绿欲滴，蔚为壮观。

从利水往南，不一会便入龙潭峡。两山逼近，水湍流急。船贴近右岸行驶，见草丛中凹陷的石壁上刻有"九龙戏江处"五个大字。导游小林说，龙潭峡景点很多，最有名的要算是这一处了。传说梁大同年间有九龙戏水于此，龙溪县便由此得名。附近石刻中有"中流砥柱"、"月到风来"、"江风山月"等等。

龙潭峡附近有一个银塘村，村民是赵匡胤的后裔，而且是直系，至今还保存着皇家的"玉牒"、赵氏宗祠等。想到南宋末代皇族把他们的一部分旁系亲属安插在海滨一隅，而将他们的直系亲属隐藏在这里，可谓用心良苦。

船过龙潭峡，进入平原地带，两面白沙平展，江面豁然开朗，远处村舍在望，近处蕉蔗连片，一派繁荣兴旺的农村景象扑面而来。我们此行的终点站丰山到了，屈指一算，全程用了不到七个小时，但是收获颇丰，我们了解了华安，也认识了北溪。我想，如果华安可以称为"奇石之都"的话，那么北溪可不可以说是我们"福建的西双版纳"？

感悟绿色山水

◎ 玉 魂 ◎华宣

　　九龙江——漳州人民的母亲河，以其宽广的胸怀，孕育着灿烂的华安玉石文化。五彩华安玉，白就白得无瑕，黑就黑得深邃，绿如翡翠，红似朝霞，更有浪漫紫玉，如诗如画，令人心旷神怡，成为奇石世界中一道亮丽骄人的风景线。

舞

　　在九龙江北溪著名的龙头峡，飞浪激水，惊涛拍击，空谷轰鸣，险象环生。这段江流迂回起伏，时分时合，江底华安玉裸露水面，层层叠叠，"布列尽乎天巧，体制疑于人为"。长达十多公里的河床危崖嶙峋，堆叠如山，大如舍，小如盘，千姿百态，纹理怪异。有的宛如江流卧龙，斑驳如鳞，纵横天成；有的如十八罗汉，或卧或躺，或肥或瘦，形态逼真。真可谓"石险天貌分，林交日容缺"。明朝著名地理学家、旅游家徐霞客，面对这险滩奇石拍手叫绝，将其奇特写进游记。

米芾拜石

　　《礼记》写道："魂气归于天，形魄归于地。"龙飞在天，石布于地，龙为中华之魂，石乃中华之魄。闻名遐迩的华安奇石，以其坚贞深远的品质，广纳吉祥，饱含华夏富强、安居乐业、玉立东方之

留守家园

神韵。这就是所谓的"妙涵七色，郁然无价；贵应八德，无气而芳。润泽以温，仁之方也；质地坚密，慧眼可详"。玉分两类：水冲石素有美女身姿、少妇美肤之说，触手细腻温滑；旱石（山石）则粗犷豪放，尽显岁月沧桑，无声地诉说着历史的风云变幻，力透顽强。

　　最可贵的是，华安奇石会因时、因水变幻出多种色彩，在阴雨天，其色彩会从无到有、从浅到深，不断变化，或碧绿或青紫或古铜……雨中的华安玉，用自己的多姿多彩，谱写着一首无言的赞歌。

华安玉因历史悠久，别名很多，曾有茶烘石、梅花石、北溪石、五彩玉石、罗汉石、九龙玉、九龙璧等称呼。它是一种透辉石矽卡岩，已有约两亿年的生成年代，其摩氏硬度达到7.2至7.8度。因为其硬度高，远古时代便成为古人的生产工具。中科院专家尤玉柱教授将华安县六处古遗址采到的旧石器鉴定为华安玉，共有六十多件，其中有石核、砍砸器、各种尖状器、刮削器、石片等。清康熙皇帝喜用这里的茶烘石枕，茶烘石便成为朝野闻名的贡品，现在北京故宫博物馆里仍珍藏着。

玉石素有辟邪安命、健体延年之说，古往今来，人们喜欢把一切美好的东西以玉喻之，爱玉、赏玉、佩玉、藏玉自古风行，可以说，玉文化的发展与中华文明的发展结下了不解之缘。华安奇石特有的物理特性及造型赋予她特殊的艺术美，她以其浑然天成的独特魅力，折服了越来越多的人。人们习惯在家中供几块华安玉奇石，在庭院中放个把华安玉园林石，大自然的美妙浓缩其中，给生活平添了几多生趣，几多感叹。

◎ 闲话赏石 ◎ 李庆辉

赏石的人，如今日渐增多，以至采石、购石、赏石，成了一种行当，有些地方发展成了一种产业，一种品牌，一种形象，成了一部分人和一些地方赖以生存发展的依靠。赏石日渐成为时尚，很快就赏出了石馆，赏出了石店，赏出了奇石一条街，甚至于赏出了奇石文化节、奇石城、奇石之乡。昔

中华醒狮

日冰冷无语的石头，已成为名贵收藏品，人们对奇石的探寻、运输、包装、演示，甚或在媒体上的讨论，已达到火热的程度。因为"奇石"，激发出中国人的热情和智慧，莫不令世人惊叹。古代诸如米芾之类的文人墨客和达官贵人，想来也不会料到"石玩"有此盛况。

奇石不能消除饥饿，赏石能解决什么东西呢？大概是视觉及其引发的体验吧！那么，赏石的感觉如何呢？因为文化的个体差异和阅历的不同，应该是千差万别的。于石商而言，赏石，也许是庆幸自己"毒到"的眼光，捡了个大漏，奇石在他的眼里，应该是"金元宝"、"银元宝"之类了，心里当然是美滋滋的。我和几个朋友常在一起赏石，我们经常谈到了另一种体验，那也算是我们精神生活的最高境界吧：忘机陶然。就是说，通过眼观、手摸、心怡等过程，使人沉浸在赏石所产生的意境之中，忘了世事烦忧，陶然而单纯，身心全然放松。在男女老少都有点急躁的新时代，赏石的这种乐趣，对于经商或为官者，甚至对普通工薪阶层、打工者，是大有裨益的。静下心来，与石对话，领略大自然的神奇，感悟和谐的真谛，过一种无忧无虑的精神生活。

赏石有此妙用，除了鉴赏奇石本身的"形、质、纹、色、韵"的物理特性外，离不开一个情景可以交融的赏石环境，只有这样，才能产生天人合一、人石一体的意境。一般来说，大致有两种环境吧。一种是您邀上三五知音，进得石馆，在琳琅满目的奇石展品中，品评石相、石质、石韵，但这时候环境是热闹的，你一言我一语的，怕是静不下来；而一旦静下来，又觉得气氛不对，几个大活人一声不吭的，大伙儿内心可是不能平静呀！所以，真正的赏石，便在于一个"独"字，这就是赏石的另一种环境。想当初，毛泽东同志"独立寒秋"，满眼所望、两耳所闻，产生了激荡山河的革命豪情，那是怎样的一番气象！而今天的我们则应学会独处：一个人在斗室之内（不是大石馆内），一石一景一人，您是否会马上静下来？最佳的赏石环境，室不在大，三五十平米的

玉观音

龙腾九州

地方，高低错落地摆上数十块奇石，给每块奇石放好位置，墙上配些书法（不要绘画），灯光不要太亮（不要色灯），点燃一炷檀香（不要多炷），放段钢琴曲或轻音乐之类的。当然，在房子的一角，在恰当的位置，有茶几，可喝茶。如果您已沐浴完毕，便可轻松进入此间石室，在赏石中与天地对话，与自然共呼吸，可以陶然而忘机了。

比如在红木几架上，一块华安玉奇石《举头望明月》（高56厘米），该石披上了一层神秘光彩。仔细一看，画面上一位少妇，正迎着皎洁的月光，举头遥望屋顶前的明月，若有所思的样子。我们会不由自主地随着少妇，超越时空，和她一起赏月，一起快乐，一起思想……当我们把目光转向华安奇石《金字塔》（高52厘米）时，我们的思绪又飘向遥远的埃及，造化神奇，竟然能制造出与埃及金字塔如此相似的奇石？这不，岁月留下的沧桑显示出古铜色等颜色，古人砌石留下的施工痕迹依稀可见，在阳光的照耀下，古老的金字塔焕发出勃勃生机，在向人们诉说历

感悟绿色山水

史的真谛。再回头细看华安玉奇石《敦煌壁画》（高61厘米），饱满的石相，线条流畅的外形，画面中一丝淡淡的斜阳余晖照在如玉如瓷的石面上，那古朴的纹样和丰富的色彩，清晰地展现出来。人们似乎看到飞天，看到古寺，看到多彩的云天，那敦煌的壁画精华浓缩在画面上，让人惊叹自然与社会的奇妙相通。

赏石之事，处处都应该体现科学发展观。上面讲的赏石而令人陶然忘机，是赏石调节了人与时代的矛盾，促进了和谐发展。另一方面，在赏石文化产业方面，石事和谐更显急迫。比如，石农在采石之时，如果过度开采，就会破坏生态；如果石商做假蒙骗购石人，就会坏了石界的声誉，也让购石人心生怨恨。那些一心为了捡"漏"的人，一旦看花了眼，那必定是十分无奈的吧；如果老是处心积虑抬高自己、压低别人，甚至在买卖中互相倾轧、中伤，那岂不悲哀；如果一块奇石摆在眼前，有人总是想着可以卖多少钱，怎么卖，那岂不是成为"钱"奴才。凡此种种，都不可取。

石事和谐，就是采石要适度，不能竭泽而渔，坏了环境，而要把开采与保护有机结合起来；石事和谐，就是要还奇石一个真面目，不要做假，营造一个讲诚信、重信誉的环境；石事和谐，就是不要以石伤人，因石废事，要就石论石，积极参与石事；石事和谐，就是不要因石坏了心情，要收藏奇石，赏石怡情。在中国观赏石之乡、"中国十大奇石"之一华安玉（九龙璧）的产地福建省华安县，当地人们赏石讲和谐，流传着"拥有一块华安玉，事事顺心又如意"的说法。

是的，赏石是人生的一种乐趣。我是赏石人，我想如有空闲，我们不妨找个地方，喝一杯茶，我们不如或坐或倚或站，去触摸那历经上亿年才形成的美石，去欣赏她的形、质、肤、色、纹、韵。真的，您会觉得人很充实，生活很快乐。

品味華封风情

　　华安具有浓郁的北溪风情，山川秀美，人文景观丰厚，民风民俗淳朴而又千姿百态。它自唐以来就接受了汉文化的影响，多次的古闽越文化与中原文化的碰撞和融合，在这块大地上积淀并形成了独具特色的北溪文化和地方风情。

　　不管是夯土建筑艺术、陶瓷制作技术、雕刻刺绣工艺、制茶工艺、米粉制造技术、地方特色小吃，还是着装文化、戏剧文化、仙都山歌对唱、高山族舞蹈艺术等，在华安这块大地上都具有悠久的历史，至今还在传承和发展。民俗活动中所展示的明清时期工艺精品蜈蚣旗、辇轿等，更是闽南地区所独有的。

◎ 土楼居民古老的民俗风情 ◎ 倚 年

　　土楼居民崇尚伦理道德，忠君爱国，敬宗睦族，崇文重教，勤俭耕读，吃苦耐劳，平等相待，热情好客。他们在礼俗、文化、宗教文化信仰、文化娱乐等方面，无不呈现土楼浓厚的乡土气息。

　　土楼人服饰不求华丽，只求朴素大方，整齐清洁。土楼居民的饮食，主食以大米为主，地瓜、芋头、米粉、薯粉、面条为辅，早吃粥，午晚多吃干饭。平时土楼人多有喝茶的习惯，并已成为待客不可少的礼节，"客至无不动，礼岂能失乎"是它的真实写照。

　　土楼岁时风俗丰富多彩，场面宏大，真可谓古老又壮观。孩子"三朝、六朝"、满月、生日及成年人结婚皆须邀请楼民和亲朋好友前来吃酒席，酒桌数目被看做判断其双亲平时朋友多寡与地位高低的依据，而老年人"做寿"的程序和规则更能凸显主人的人缘与人际关系。土楼居民清明节扫墓追思亡故之人，每年十一月十五日和十九日，二宜楼六房头选出头家备足粳米糕到魏颜娘、蒋士熊墓头分别举行拜祭及唱祝文的仪式活动。端午节吃粽子、洒雄黄酒、插菖蒲（避邪），以求洁净、平安；中秋节吃月饼、赏月、吃柚子；九月九重阳节分红鸡蛋、吃寿龟。"谢冬"蒸粿做糍祭奉土地公，冬至则搓"汤圆"吃粳米糍包子。春夏秋冬皆采茶唱山歌。

　　每逢农历五月十九日和十月二十五日为二宜楼祭祀开基祖魏颜娘、蒋士熊夫妇的日子，各家各户备甜糕、整头鸡、整斤猪肉、数叠金银纸及蜡烛、鞭炮等供奉。"春秋"两祭时还杀猪宰羊备三牲，道士做三天清醮，请大戏演芗剧，这些事

品味华封风情

项统一在蒋氏宗祠举行，拜祭大地蒋氏列祖列宗，以示丰收、敬祖慕宗。

"三月三"是土楼人供奉的主神玄天上帝生日，它有"三年一大火，两年一小火"活动，是土楼外出打工、旅居南洋和台湾的亲人返乡谒祖认宗、团聚的一大盛会。届时，由土楼12个大汉轮流抬行着金碧辉煌、精雕细琢的饰金"辇轿神像"，15个壮男轮番擎起或扛着民间刺绣工艺品"蜈蚣旗"，配对的少男少女敲锣打鼓，整体给人气派、高远、华贵的感觉。放鞭炮的响铳队在前领头行进，并有着装有序的大鼓凉伞，时有扎花结彩的铁技艺等传统文艺表演队伍穿插其中，在村里田野上巡礼，热闹非凡。家家户户都备办清茶、佳果、菜肴、家禽等供品敬奉，以示富足。祈求五谷丰登、六畜兴旺和楼民吉祥安康之美好愿望的大型"迎神"盛典活动，成为大地蒋氏家族及土楼人完整保留的民俗事项。

◎ 土楼之美 ◎ 许燕妮

　　很久以前就想写些关于土楼的只言片语，但每当提笔之时，总不知从何说起。我总苦于无法找到最贴切的词汇来形容她，因为土楼在每个人的眼里、心里都有不同的解读。土楼无疑是美丽的，如果说女人的美可以用千娇百媚来形容，那么土楼的美则可以用万般风情来描述。

土楼大气

　　土楼的大气是毋庸置疑的，以福建省内同类建筑中单体最大的二宜楼为例，一个建筑面积3308平方米、直径73.4米的圆形城堡，首先在整体外观上就给人以宏伟壮观的视觉效果。从前听过一个笑话，说20世纪60年代初，美国中央情报局在卫星照片上发现了几群类似于核反应堆或者像导弹发射架模样的东西，这个发现使白宫惊慌不已，最后经过详细勘察发现，卫星照片上所显示的那种奇特建筑，并不是什么"隐匿核力量"，只是一些圆形或方形的土楼群。由此可见，土楼这种建筑本身就是一种震撼人心的奇迹。

　　在二宜楼里，有这样一种说法：土楼先人建圆楼，一则为求安全，借鉴外地土楼防御的各种优点，形成"二宜楼"独特的防卫体系；二则以应所谓"蜈蚣吐珠穴"的地理形胜建楼，并以"宜山宜水，宜家宜室"的意味，把该楼命名为"二宜楼"。而土楼背倚高山，意味着护卫，显然有助于防风御寒；流水意味着财源滚滚，小溪更有利于污水的排放。良风、好水、地气和山脉的保护，使楼内的居民能从宇宙之气中获益，自然万物之灵气为他们提供了理想的居住环境。

土楼精致

土楼虽大却不显粗糙，土楼里的每片屋瓦、每处墙面、每个角落无不透露出她的内秀与别具一格。走进土楼，你会发现这里的建筑装饰繁简有度，文化内涵也极为丰富。

在二宜楼里，每处梁架都作雕饰彩绘，梁柱精制，彩绘生辉。一层祖堂入口大门两边还置一对"镇宅驱邪之物"——青石雕抱鼓石，上刻如意锁、四龙戏珠等吉祥图案，而四层公共祖厅和各个单元顶层供奉神主牌位的厅堂，是又一个装饰的重点所在，雕梁彩绘之精巧华丽令人叹为观止。底层小天井前的檐廊也是装饰重点之一，12个单元入口的门上，雕嵌12种不同的装饰木雕。楼内共存有壁画593平方米、226幅，彩绘99平方米、228幅，木雕349件，楹联163副。内容有山水、花鸟、人物等，充满浓郁的生活气息和泥土之芳香，堪称民间艺术珍品。土楼里更有一绝，在天井中有两眼错开的圆井，巧似太极图中之二鱼眼。井水清澈甘甜，常年旺盛，可供千人饮用不竭。令人不解的是，同在大天井内，这两口圆井的水温却相差1℃，这便是人们俗称的"阴阳井"。

土楼沧桑

据说，建造高大威猛的土楼，原材料其实是极其简单的黏土，而建造土楼最重要的一个步骤便是夯土。夯土能使松软的黏土在经过夯打之后像岩石一般坚硬，让建成之后的土楼在狂风暴雨中巍然屹立，造就"金刚不坏之身"。

在二宜楼边门石匾上刻有明确纪年，楼于清乾隆庚寅年（1770年）建成，这样一个历经几百年风雨洗礼的圆土楼，就像一本保存完好的历史书籍，记载着众多古代历史典故。在二宜楼祖堂的额枋上面，枋心上

画了两幅很典型的画，其中一幅画叫《百忍》。唐朝的唐高宗李治，路过山东寿张县的时候，去拜访张公艺一家，老人一家两百多口人聚族而居，整个家族非常团结和睦。李治问张公艺：为什么能够把两百多口人的家团结在一起而不分家？张公艺请来了纸笔，书写了两个字叫"百忍"。在二宜楼里，楹联和壁画大多都体现了中国传统的道德风尚。

土 楼 热 情

土楼是中华大地一颗耀眼的明珠。说土楼是一处"世外桃源"也不为过，但与"世外桃源"不同的是，土楼里不但拥有传统的文化精髓，更有同一时期西方文化的见证。

二宜楼中的宝贝是丰富多彩的，除了精美的书画、楹联、雕刻、百年的古床，更有20世纪初期的洋画、洋钟和糊在墙上的泛黄的洋报，这一切都显示出了土楼先人们的文化素养。中西文化在这里融为一体，让人看到固若金汤、自成一统的圆土楼在封闭中的开放。

如今的土楼已对世界开放，让五湖四海的人们都能走近这座神秘的堡垒，了解土楼的过去与现在，更了解土楼人的热忱与情怀。

如果说土楼是文，我想她一定是首宋词。以雕梁画栋为赋，木秀墨香，文雅灵气，拥有宛如宋词般的缠绵意境，更在不经意间透露着一种古朴、宁静的悠长。

如果说土楼是画，我想她一定是幅国画。以广阔天地为画轴，以明媚山水为画布，浓墨重彩，亦真亦幻，随意却又独具匠心，银装素裹总相宜。

如果说土楼是歌，我想她一定是支民谣。以大山的浑厚为基调，以流水的清冽为伴音，以土楼人民勤劳勇敢的生活为主旋律，生生不息，世世传唱。

尘嚣已过，浮华退尽。如果你来过土楼，你一定能感觉到土楼于古朴的泥墙中隐约透出的沉静与从容，那是一种精神领域的奢华，也是一种荡涤心灵的寄托。当站在土楼宽敞的天井中央，体验着阳光照耀的灿烂，那一刻仿佛真的可以让人遗忘忧愁，遗忘伤感，遗忘俗事凡尘。

品味华封风情

◎ 土楼婚礼 ◎ 倚 年

秋天的早晨，天空格外晴朗。今天的土楼热闹非凡，喜气洋洋。老人孩子挂着一张张笑脸，大红喜字、对联新贴，大红灯笼高挂，土楼成了红色海洋。一单元里的里里外外，好多人都在杀鸡宰鹅，忙碌而热闹。今天，土楼人的后裔将娶进楼外一位女青年，一场别开生面的婚庆仪式将在这里举行。你看，迎亲的队伍从玄天阁的小路上缓缓地向土楼走来。走在前面的是由四人扛着的一顶古色古香的红轿子。轿子里坐着身着红衣蓝裤、头戴凤冠的新娘子。走在轿旁的是身穿蓝色长衫、披黑马甲、头戴毡帽的新郎官。跟在后面的是伴娘和伴郎，他们有的手提礼品，有的肩挑着嫁妆。紧接着是乐队和放鞭炮的队伍，欢快的乐声和噼里啪啦的鞭炮声响久久地回荡在土楼上空。

蓝天、白云把金黄色的土楼映衬得更加壮美。迎亲队伍来到楼门前，新娘子要经过摸柑橘、三牵出轿、踏瓦、遮米筛、过炭火等仪式。新娘出轿入门等这些具有戏剧性的婚俗场面，甚是热闹。吉时一到，新郎要

猛踢轿门三下，轿门方开。新郎牵新娘时，新娘不能出轿，要反复三次，方可出轿。小姑端上甜茶、橘盘，让新娘触摸，并在轿前置一炉炭火，新娘出轿后便踏在瓦片上，由新郎牵着，再由男方家人把米筛举在新娘头上，进入大门。与此同时鞭炮鸣响，红炮纸屑铺满地。新娘入门后，先与新郎拜堂（一拜天地、二拜高堂、三夫妻对拜），后进入新房。再则就是吃"合婚圆"，各自先吃一个，然后各夹一个喂对方吃。最后吃"水婚桌"（俗称"十二碗"），上十二道菜，荤素各半。

黄昏时候，新人上床圆帐。新娘出房，这时围观的大人、小孩子们嘴里含着喜糖，脸上带着笑容；在祖堂的供桌上，摆满了鱼肉"三牲"、水果佳肴。新郎新娘要先拜神、拜祖，再拜公婆、族长，俗称"出厅"。夜幕降临，亲朋纷至沓来，宾客满堂，婚宴高潮迭起，"祝贺"与"干杯"的欢呼声此起彼落，那一醉方休的欢腾场景一直延续到深夜。这种迎娶礼仪在土楼至今仍完整地保留着，也成为旅游者观赏和竞相模仿的一大项目。

◎ 华安高山族 ｜◎ 倚 牟　杨聪燕

在中国大陆的31个省、自治区、直辖市中都有高山族分布，总人口约为4461人，主要散居在福建省、河南省和广西壮族自治区。其中福建省华安县是祖国大陆高山族同胞聚居人数最多最集中的县份，共有41户126人，主要集中在仙都、华丰、新圩三个乡镇及国有金山林场。他们大部分是被国民党抓壮丁，起义后参加了中国人民解放军，先后于建国前后分配到华安工作，并与当地女子结婚，生儿育女。

高山族同胞林忠富（1924年5月出生），高山族排湾人，已传四代；范金华（1922年9月出生），高山族排湾人，已传三代；高文贵（1927年5月出生），高山族阿美人，已传四代；黄清发（1927年7月出生），高山族阿美人，已传三代；严谷长（1927年7月出生），高山族排湾人，已传三代；林富（1924年出生），高山族布农人，已传三代；田大作（1929年12月出生），高山族卑南人，已传三代；经商的刘阿休女士（1894年8月出生），高山族阿美人，已传五代。近年来，我县因地制宜，坚持"国家扶持，省负总责，县抓落实，扶持到户"的工作方针，制定扶持政策，加大资金投入，他们的生活水平有了明显提高。

一、高山族生活习俗

（一）高山族的饮食

一般以粟、稻、薯、芋为主食，喜好饮用自家酿制的酒，如粟酒、米酒和薯酒等。

（二）高山族的居住

房屋依照建筑材料分为木屋、竹屋、茅屋、石屋和草顶地下屋五类，都是根据自然及地理环境建造的。生活在华安的高山族同胞则皆仿造北溪传统民居大三间、大五间等五凤楼式的夯土建筑模式建造房屋。

（三）高山族的信仰与娱乐

高山族普遍信仰原始宗教，崇拜祖先，相信万物有灵。他们的祭祀

活动很多，节日大都与祭祀活动融合在一起。诸如：祖灵祭、丰收祭、谷神祭、山神祭、猎神祭、结婚祭等。这些居住在华安的高山族同胞能与当地其他文明的信仰、娱乐相融洽。

（四）高山族的手工艺

主要有纺织、竹编、藤编、刳木、雕刻、削竹和制陶等，其中刳削是著名传统工艺，他们仅用一把刀就能刳制各种富有民族特色的器具。高山族的雕刻工艺表现在日常生活方方面面的图案花纹，刀法刚劲细腻，形象生动逼真。

在久远的年代，高山族就懂得用麻织成"番布"。纺织品主要是白麻布和白褐相间的平行条纹麻布，有刺绣、挑花的布，用于各种装饰。

二、高山族舞蹈

高山族是个富于艺术才华的民族，其独特的舞蹈更令人赞誉不已。一千多年前《北史·琉球传》曾记载："歌呼踏蹄，一人唱，众人相合，音颇哀怨，扶女子上膊，摇手而舞。"能歌善舞的高山族，无论劳动、恋爱、婚宴、节庆、祭祀等，都以歌舞抒情寄意。民间传统歌曲多为触景生情，即兴演唱。有的如高山流水，自然悠扬；有的如击竹鸣玉，清丽动人；有的如排浪鼓石，节奏明快。围绕着篝火扭摆唱歌的形式在高山族代代沿袭，不论是婚礼的场面，还是盛大的节日，或在皎洁的月夜，众人连臂合围，踏歌欢舞，时前时后，间有齐声吹呼，场面非常热烈。

品味华封风情

（一）常见的歌舞形式

1. 阿美族的《拉手舞》，是高山族在节日、婚礼时的自娱性舞蹈，形式自由，三至五人即可作舞，几十上百人也不算多。人们在一位歌手的带领下，相附相随进行歌唱，歌词多为赞扬祖先与英雄业绩、赞美家乡和丰收年景等内容。

2. 泰雅群体的歌舞形式为《祭舞》和《酒舞》两类，在举行隆重的"播种祭"和神节庆典时，能歌善舞的泰雅男女，在兼有领唱、合唱、歌曲伴唱下，男女共舞，表现其民族在祭祀、收获、渔猎方面的情景。另一类，是当地称为"犹太琴"的口弦类"嘴琴"伴奏下的民间自娱舞蹈，具有特殊的风格和韵味。

3. 布农、曹和赛夏群体，在各自的祭礼活动中，载歌载舞的圆圈舞蹈是主要的自娱形式，具有代表性的《杵舞》实际来源于布农民众的传统"杵乐"。舞蹈时，妇女们身穿民族服装，头戴鲜花，每人手持长短、粗细各不相同的"乐杵"，舞姿与造型古朴而别有风味。舞蹈代表作主要有《拉手舞》、《竹竿舞》、《山地情歌》、《杵歌》、《陀螺舞》等。此外，《纺线舞》、《筛米舞》、《婚礼舞》、《甩发舞》、《刺球舞》、《叶琴舞》等，具有很高的艺术水平。华安的高山族同胞继承和发展了高山族舞蹈艺术并有效地传授到华安及广东等地区。

（二）高山族舞蹈的相关制品

一类是乐器类。常见的乐器有口弦琴、弓琴（方琴）、笛子、臀板、叶琴（树叶）、乐杵、木鼓、腰铃、脚铃等。乐杵是从舂米的木杵演变而成，长短粗细有别。腰铃系于腰部，舞蹈时运用腰部的扭动和摇摆，使之发出清脆悦耳的响声。脚铃种类较多，通常系于脚上、腿部。臀板是把一串竹管和铜壳垂于臀部，与脚铃、腰铃都是舞蹈者的道具和伴奏乐器。

另一类是服饰类，高山族男女饰物种类很多，主要有贝料、贝片、琉璃珠、猪牙、熊牙、羽毛、兽皮、花卉、铜银首饰、钱币、纽扣、竹管等，全身上下装饰得五光十色。高山族喜欢用鸡尾、鸟羽做头饰。最有代表性的服饰是用成串贝珠缀在麻布上的"贝珠衣"，头戴银饰、手铃。

三、华安高山族对外交流之成果

为加大对外交流力度，扩大华安县高山族舞蹈知名度，近年来华安县先后组织高山族舞蹈队参加国家、省、市、县等各级各类演出与培训，获得不少荣誉，如参加"第七届全国少数民族运动会文艺表演"荣获一等奖，参加"福建省第三届少数民族文艺调演"荣获银奖，参加"福建省第九届音乐舞蹈节"荣获铜奖等等。高山族舞蹈项目"拉手舞"于2008年6月被国务院确认为第二批国家级非物质文化遗产。这些荣誉为华安县高山族舞蹈的保护奠定了一定的社会基础。

◎ 二宜楼鼠曲粿 ◎ 林艺谋

诗曰："二宜楼里拜天仙，佐料花生米粿鲜；鼠曲祛痰称妙药，蒸春哥妹暖心田。"鼠曲粿，是华安西北地区仙都、良村的传统小吃，华安民间年节祭祖、拜神一般都会有鼠曲粿。每年农历"三月三"、"三月初九"和年前"冬至"节日里，特别是大地村蒋氏家家户户都制鼠曲粿，供拜神、待客之用。

将鼠曲草春烂，糅合米粉做成鼠曲粿，是华安西北地区一种很重要的食俗。华安的粿品种类繁多，具有酬神、充饥兼保健等多重功用，因此是农耕时代人神共享的美味佳肴。而在所有的粿品中，鼠曲粿产生的年代最为久远，很可能是其他粿品复制的母本。

鼠曲草，又名鼠耳草，中药称白头翁，野生植物，长于冬季农田及荒埔中，芯末开白色小花，花蕾及枝叶有棉絮状的白色纤维。它能祛痰止咳，补脾去湿，可治感冒咳嗽、急慢性支气管炎、哮喘、风湿性腰腿痛、痢疾、腹泻等。但人们采集鼠曲草的主要目的并不在于治病，而是制作不同口味的美味小吃。

鼠曲粿的传统工艺制作过程：一、首先将淘干净的糯米在木桶中浸泡二至三个小时左右，再一勺一勺地放入石磨中碾成糊状，用白布袋过滤。二、取山间、田埂野生的鼠曲草，将整丛的鼠曲草去掉头，晒干，放在石臼内捣碎春成棉花状。将捣碎成棉花状的鼠曲草放入锅里，加入少许井水，加热至100℃，直至熬出汁，再加入红糖或白糖，煮成糊状。取出经过加工后的鼠曲草精，掺入糯米粉，一起搅拌均匀，制成糯米粿。三、用芭蕉叶或棕叶或楮仔滕叶，将拌匀后的鼠曲粿揉制成粿皮，包上已炒好的黑芝麻、豆、花生仁、白糖、五花肉、葱等佐料调成的馅料，咸甜随意，视各人的口味而定。四、将已包裹好的鼠曲粿再用圆形或桃形等传统印模压印……在蒸笼上蒸40至60分钟，取出放在筛笼或簸箕上散热后，即可食用。

◎ 石井四宝殿祭祀品大粿 ◎ 陈景生

在华安县西北部，有座小巧玲珑、远近闻名的四宝殿，殿里供奉神农古帝。据传，神农氏在未创农功之前，三餐以山中树果为食，生活甚为艰苦。为了纪念神农古帝的重大历史功绩，每逢农历二月十六日前，当地陈氏宗亲的村民家家户户都做大粿，以敬奉神农古帝。

大粿每个重一千克（二合一），上层直径13厘米，下层直径11厘米，总厚度8厘米，外观似蘑菇状，其制作工艺均仿四宝殿周围森林中椰树之果（俗名"椰籽"），以作为拜神敬品。

大粿是一种用糯米为主料，红豆、食盐为佐料，再反复蒸、春制成的米粿，经"三蒸"、"三锤"、"水磨"、"脱水"后，洁白如玉，口感清香，营养保健，深受香客喜爱。

取大粿切成条块，配以冬笋、香菇、白菜等佐料，或炸或炒，或蒸或煮，韧香爽口，蘸点酱油，趁热吃下，别有风味。

做大粿须选两个精壮劳力，手握木杵，打铁式地在石臼上轮番猛砸、猛捣，由于单家独户操作不便，一般要两家以上合作。其制作过程充分体现农家人团结协作之精神。

其工艺过程分上下两部，下部取精选"禾米"、"红豆"、"食盐"配比。先将"禾米"淘洗干净，用锅将水烧至100℃，将禾米烫熟三分之一后让其冷却；将红豆煮熟，与食盐搅拌配堆，再放入竹编的蒸笼，蒸半小时后取出，放入石臼，用木杵春捣后再放入蒸笼，蒸15分钟。如此反复蒸、春三次，再放在筛笠上，将捣烂的米粿用手工揉成长条形，再用刀切成一个个的模型，冷却。

上部取精选糯米（配比55%）、大米（配比45%），配堆后淘洗干净，置于木桶，在清水中泡浸五个小时；再将浸泡的米，用人工一勺一勺地放入石磨进料口，经石磨研成米浆后，再用白色棉布袋包紧，上压沉重石块，经几个小时后慢慢将米浆的水分过滤、压干成半固状；取个大粿印（樟木刻花纹），印花朝上，按模样将其制成圆体半弧形的薄式米粿。然后将上下两部合成，再取大锅一口，将粿架置于锅上（用木材做的井字形架），取篾匠师用毛竹编的圆形容器（俗名"手篷子"），先铺上包棕子的竹叶，再放大粿，上置竹编的圆弧形蒸盖（俗名"笼床"），再蒸二至三个小时，方可食用。

据民间传云：民国年间，每年农历二月十六日，漳州、厦门一带有很多人经常到四宝殿购买大粿，他们认为吃神农古帝的供品可保佑平安，此习俗沿续至今。将大粿带回家中，切片晒干，可存放数年，据庙祝说，熬汤喝可治肚痛、痢疾。当地有大粿诗为证：

神奇神药妙神仙，肚痛医疗大粿煎。

止泻健脾坚壮骨，九龙峰下话诗传。

四宝殿创建至今已有六百三十多年的历史了，大粿应为同时代的产物，历代以来香火鼎盛，远近香客慕名前来购买大粿，观光、朝圣者络绎不绝，风雨无阻。近几年来，前往四宝殿的公路已开通，水电设施齐全，游客与日俱增，远道而来的有印尼、新加坡等国家和香港、台湾、云南、上海、厦门、漳州、漳平、安溪等地的游客。大粿在古代是一种奉祀品，也是山区劳动人民一种不可缺少的特色小吃，它不断吸引着四面八方的游客。几百年来，当地的人民用勤劳智慧的双手创造自己的家园，为建成一个旅游胜地而不懈努力，相信这里的明天会更美。

◎ 茶缘：薪火相传上千年 | ◎ 华 宣

华安大地茶园绿，茗茶飘香情韵浓。

从唐末至今，华安已有一千多年的产茶历史，薪火相传，香溢千年。

华安县城华丰古称"茶烘"，乍闻其名就隐约能嗅到茶叶的芬芳，九龙江流域妇孺皆知。这里种茶历史悠久，制茶工艺精湛。据《华安县志》记载："华安茶叶栽培历史悠久，据传唐朝开始，仙都、华丰已产茶，县城华丰称为'茶烘'。到19世纪至20世纪20年代制茶业达到鼎盛，华丰设有'茶行'。""在清代，华丰及周边乡村种茶甚多，为茶叶转运的集散地。"

据考证，每到制茶季节，烘焙时香韵四起，令人陶醉。现在马坑乡和春村（海拔1050米）发现的三棵古老茶树，树龄至少三百年，历经岁月沧桑依然苗壮茂盛，它们见证了华安茶业史上的风风雨雨，见证了九龙江北溪两岸古老茶乡的兴衰成败。

一千多年前，华安张氏族谱中的《张睿轩制茶歌》记述了北宋时期茶业的繁荣。歌云："欲知茗中极品，吾曰难求醇怡香。人间众口别好，唯皇适口是留连。""斤茶可换斤金"，足可见当时华安人制茶精益求精和品茶之风盛行。

进入明朝，华安茶人对于制茶工艺也有独到的见解，认为"麻涩苦甘韵醇，灵活识变可登天"，他们将制茶技艺编成口诀真传以益子孙，光耀茶业。《龙溪县志》就有进贡茶叶的记载，当时的茶叶已颇有名气。

明清时期，华安制茶业得到迅速发展，达至鼎盛。据县志记载，茶烘（华丰）经营的茶行产品销往苏杭、广州、台湾、南洋等地，并有制茶工人到台湾传授制茶技术。相传清乾隆十八年（1753年）珍山乡（今湖林）林启张承祖业大开茶园、建茶厂，茶产业初具规模。

据记载，一百多年前，宜招（仙都）茶园不断扩大，品种也在不断更新和培育，主要以当地茶种为主，同时也引进黄旦、本山和铁观音，所产茶叶品质优良。当时珍山乌龙茶、仙都茶叶闻名遐迩，大批量茶叶经由茶烘、新圩古榕渡口免检就可外运出口，茶叶作为家乡特产由华侨带出传至南洋，茶叶经营一度走向繁荣。

据仙都大地村的《蒋氏族谱》等有关资料记载，清代中晚期，二宜楼创建者蒋士熊后代创制了"泽春名茶"，并将茶叶出口销售到外洋，运到西欧，受到外国人的欢迎。他创出了二宜楼泽春名茶品牌，获得巨大利润，为建造二宜楼提供了充足的资金，成为号称"神州第一楼"的二宜楼创建史上的一段佳话。

传承历史，继往开来。盛世开华章，华安茶，再度崛起，香飘四方。近年来，华安县委、县政府主动融入海峡西岸经济区建设，紧紧围绕财政和农民两个增收，认真落实科学发展观，采取有效措施，致力发展优质茶，作为农业结构调整突破口，实施"兴茶富民"的发展战略。

如今，茶业已成为华安农业的"当家花旦"，成为最具特色、最有效益的主导产业，成为增加农民收入、推动农村经济发展、推进新农村建设的优势产业。

目前，华安县优质茶园面积已达15万亩，实现农民人均1亩茶，干茶产量1万多吨，年可创产值10多亿元，成为全国铁观音茶主产区。茶叶已成为华安群众增收的最亮点。

围绕做大做强茶产业，华安立足高远，毅然决定投建"华仙茶都"，以改变"有市无场"的局面，有效培育"市"与"场"，使其成熟壮大。

他们采取"走出去，请进来"的办法，积极主动到沿海发达地区招商引资，引进八千多万元资金在茶叶主产区仙都镇兴建"华仙茶都"——茶叶批发市场。

目前，"华仙茶都"已成为国家农业部第12批定点市场之一和全省乡镇最大的茶叶交易市场，为华安县及周边地区的茶叶销售搭建了一个优良的平台。

华安县还出台华仙茶都经营优惠政策，鼓励各地茶叶企业在"华仙茶都"发展，逐步培育市场和扩大营销网络。在华仙茶都旁边，引进全球最大的茶叶连锁集团——天福集团，投资四千多万元，兴建集茶叶生产、营销、文化、科研于一体的华安县天福茶业有限公司。

此外，他们还筹建城关茶叶市场，成为全县第二个茶叶集散地。目前，华安全县有近百家茶叶生产和经销龙头企业，七千多家茶叶加工厂，来自日本、马来西亚、台湾等国家和地区的二十多家茶叶加工企业落户华安，有效带动茶叶出口创汇，拓展海外市场。

同时，华安县在上海、福州、厦门、漳州等地成功举办茶王赛和新闻发布会，多次组织茶农参加各种类型的茶王赛、评鉴会，重奖获奖茶农和获得省级以上名牌、商标的茶叶企业。目前茶叶经销户已在北京、上海、重庆、广州、深圳、济南、长春、厦门等地建立了华安茶销售窗口，在广东普宁形成了华安茶叶专卖市场，华安茶产业"航母战舰"正逐步趋于完善。

◎ 新圩古渡口 ◎ 吴一山

　　新圩古渡口位于九龙江北溪中游华安县新圩镇临江处，也称新圩码头，原是闽西北货物南下的集散地，是通往九龙江下游漳、厦客货水上运输的起始点，码头原用河卵石砌筑而成。1972年，漳州航运管理总站（现漳州港航运管理处）投资改建成中洪低水位靠舶码头。码头平台面积55平方米，均用条石铺设。两翼均设有5个台级，台阶44级，宽2米。渡口边有棵千年古榕树，盘根错节、树繁叶茂，树冠覆盖整个古渡口，显得十分壮观美丽。南来北往的旅客在此等船接客，很是阴凉。新圩码头在华安水上交通运输史上起着举足轻重的作用，留下许多值得追思的历史痕迹。

　　新中国成立前，华安交通极不发达，货物往来主要靠肩挑，有江河的地方就算是交通便捷之处，水上码头更是早期人们理想的聚居地与货物的集散地。九龙江就是当时沟通闽南与闽西北的交通要道，新圩古渡口就在这样特定的历史环境下产生，并带来当地经济的繁荣。然而九龙江河道

并非一路顺畅。十多公里水道，两岸群山夹峙、河滩险阻，水急浪高、巨石林立，航道不通，运送货物必须靠肩挑手提，还要翻山越岭才到新圩渡口，然后由内河民船运至浦南、石码等地。当时地处闽西的龙岩、漳平、宁洋等地货物也都得从这里通过水运转到外地。1918年，黄枣、店仔圩场被北溪特大洪水冲毁，部分商铺、客栈迁移至新圩，使圩场日渐繁荣。1923年，林资铿先生捐资20万银元疏浚北溪航道，使北溪的航运得到一定改善，此时各地商贩更是闻讯到新圩古渡口盖屋设栈。原黄枣圩场的商店、客栈和银行也纷纷迁往新圩，使新圩形成新的农贸市场。新圩古街道至今还保留完好，街道长200米、宽3米，路面以卵石和条石铺筑，古街两侧既有闽南风味的骑楼、大窗店，又有山区半壁街道。新圩既有山岭环绕，又有舟船穿梭，在古色古香之中充满市场商业生机。那时，新圩古渡口水上运输十分繁荣。人们的日常生活用品，如盐、海产、布料、糕点等都得通过水上运输由厦门、漳州、石码逆江而上运至新圩销往各地；而龙岩、漳平、双洋等地的货物，华安的竹、木、炭及其他山珍、土特产等，也由新圩古渡口运往漳州、厦门。故新圩至浦南全程47公里的水上航线，成为黄金水道，是华安不可缺少的交通要道，也是沟通闽西、闽南的交通咽喉。20世纪的三四十年代，漳州与龙岩开通了公路，解决了部分客货的流通渠道，才逐渐减少新圩古渡口的交通负担。

新中国成立后，九龙江北溪航道得到进一步重视。1962年，县政府组织专业人员进行修治，改善了原有航运条件，努力提高水上运输总量。北溪下段共处理了滩濑23处，炸礁石86处，抛坝7处，增设安全航标31处。新圩至浦南航线设立对开客船，沿途设置了24个固定停靠点和7个简易码头，进一步方便旅客来往。1985年，成立了新圩、沙建两个航运公司。水上客运由厦门轮船公司两艘汽船经营，1998年5月停航。同年10月6日，由华安自置一艘"华安一号"客班船正式投入该航线营运，年运客量达四万人次。1956年鹰厦铁路开通，1969年漳华公路（旧线）开通后，新圩古渡口水运逐步减少，特别是1994年，漳华沿江公路（新线）开通后，水上客运相继停止。之后货运极少，只停留一些以捕鱼为业的渔船。这时，新圩古渡口以往的繁荣景象才渐渐逝去，但它辉煌的一页仍使人们永久难忘。

新圩古渡口的对面是鲤鱼滩，滩边有许多渔船与新圩古街道相互映衬，连成一体，构成一道美丽的景观。鲤鱼滩是因九龙江北溪水流至新

圩作环流状，泥沙在江中成年累月淤积，状如逆水游鲤而得名，面积375亩，是北溪最大的江中滩。滩上尽是小块的华安玉奇石，千姿百态，质地、花纹俱佳，青草萋萋，芦花飘飘。鲤鱼滩上端还有一座小岛，与鲤鱼滩仅一水之隔，鲤鱼滩是拾石玩石、野炊露宿、观赏山光水色之胜地。尤其是古渡口边上的"水上人家"，一到晚上，渔船聚集，船上灯火与江中倒影汇成别具一格的辉煌夜景，观赏水上夜景，让人如醉如痴。

来到新圩古渡口，使人浮想联翩，怀古情幽。当年项南同志（曾任福建省委书记）就是从这古渡口乘船走上革命道路的。我国著名电影导演汤晓丹，也是从这里走上他的艺术之路。

如今，新圩古渡口已成为华安县的一个重要旅游景点，游客们到此一游，既可漫步古街、戏水览胜、滩上拾石，也可沐浴温泉，观赏江上渔灯，饱赏古渡口的风光美景，这些都使人们心旷神怡，流连忘返。

◎ 赏石之美娱 ◎ 李庆辉

在人类发展历史进程中，从原始的艺术形式到当代艺术创新，艺术就像冷水，确保人类发展前进的发动机不至于烧坏。用科学的眼光看待雅石，那么它是一种具备各种物理元素、各类深浅的色彩、不同变化形态的矿物质；用艺术的眼光看待雅石，则赏石不能定其数量和成分，而只能通过心领神会来感受其艺术美。

了解并感受赏石之美，可以让您的品味提高，生活更充满乐趣，虽然您并非鉴赏雅石专家。作为福建人，特别是闽南人，是十分有福气的，因为在九龙江边的华安县，盛产质如

滴水观音

玉、色斑斓、形万千、韵无穷的华安玉（九龙璧）。作为一种奇石，华安玉的独特价值在于它是一种玉石。华安玉的摩氏硬度达7.8度，在中华奇石当中，为硬度最高的石种。它的矿物含量主要成分透辉石矽卡岩，占51%，虽然奇石不透亮，但其他方面具备了传统玉仔料的特性。作为一种玉的奇石，在中国石界也是凤毛麟角。因此，1990年华安玉被评为中华十大奇石，2000年被评为中国十大候选国石、中国四大名玉。

作为一种艺术品，华安玉奇石的独特价值在于它的综合比价和综合得分最高。当前，如火如荼的石界，讲究"形、质、色、纹、韵"的赏石、玩石理念，因为以上五种审美元素很难统一在一种奇石身上，所以，便分化出"赏形"、"赏质"、"赏色"、"赏纹"、"赏韵"的单项活动。而华安玉奇石则集上述"五赏"于一身，其自然天成的奇特外形、质美如玉的宝贵石质、绮丽斑斓的石肤石色、内容丰富的纹理图案、意韵无穷的石态石趣等都给人予无穷的快乐。

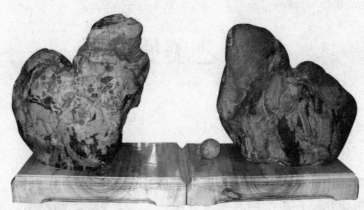

金鸡下蛋

赏玩雅石（并非奇石即雅石）是从目光开始的，当身体的肌肤与雅石接触时，赏石者的心灵飞扬了起来，您已在感受和品尝美丽和富足。创造和感受赏石艺术之美，是在以下过程中自然而然地产生的。

赏石之身心。也许您兴致盎然时想赏石，也许您心烦郁闷时想玩石，或者您想与友人共享美石之乐趣，此时，别忘了对着镜子看看自己，是不是一副赏石者的模样：沐浴洁身，衣饰宽松，身心放开。如果是衣冠不整，汗臭扰身，满头乱发，满心浮躁，想来那是难以去感受石之美的。

赏石之场所。家有美石，那是很舒心的好事。不说美石为玉，可以镇宅壮色，单是满足眼目的渴求，那已经十分难得了。有心的人家，要么在小庭院里摆设若干或大或小的园林石，在竹木摇曳中，在绿草之上，在水泉之旁，晴朗的天气让您有如梦幻般神游；要么在厅堂上，摆设两三个或三五个高低横竖各异的美石，那更是足不出户，即可神游大自然了；要么腾出一个房间，精心打造一处精品屋，走进去，随手把门关上，在清爽沁香的檀香味中，您又会轻松进入另一个神秘世界。有收藏爱好者，更懂得把雅石与书画、瓷罐之类相互穿插点缀，直让您流连忘返，欲罢不能。

赏石之步骤。点燃一炷檀香，喝上一杯清香扑鼻、回味无穷的华安仙都铁观音茶，让心静下来。用您聪慧的双眼远远地看看石头，慢慢地移动您的目光，然后，把眼神停留在让您赏心悦目的雅石上，静静地感受它的存在，然后慢慢地靠近它，放大吸引您眼球的因素：是其质、色、纹，抑或是其给您的某种幻觉？当您细细品味奇石之美之奇之巧之妙时，您不用动脑子搜肠刮肚印证什么典故就已沉浸在赏石之欢乐中，这才是

玉母赏赐

背靠背

美趣呀!

赏石之时机。并不是随时都是赏石的时机。在室外的场所，阴天、雨天是不恰当的，烈日当空更不适宜，夜晚也不是时候。赏石之美，美在娱情、悦目，美在化解劳作后的疲惫。理想的赏石时间是在劳动之后、用餐之前，大致下午3时至6时之间。如果带着繁忙的工作、烦躁的心情，此时赏石，犹如天蓬元帅吃人参果，不辨滋味。忙里偷闲，要的就是一个"闲"字，赏石的时间，就是在您有"闲"之时吧。

赏石之感官。石之美，美在其宝气、清气、古气、韵气，这些都须通过石的轮廓、色彩、纹理、质地、造型等要素来体现。赏石艺术，必须有一对艺术的眼、一双艺术的手。品茶使用眼睛、舌头、鼻子，赏石不用鼻子，然而手的触摸就如鼻子闻一样，能细腻地分辨出石肤的冷暖、粗细、涩滑、凹凸，甚至能和眼睛一样，分辨出是否为人为加工造作。手因此成为赏石不可或缺的重要感官。

赏石之光源。赏石的眼睛，离不开光源。赏石艺术对光要求很高。自然的阳光当然是最佳的光源，人造光源会影响石的颜色和形态。日光灯会淡化石的色彩，有色灯则会极大地改变雅石的真面目，甚至会让您模糊了石的形态，引发错觉，虽然有时会让您赏得很舒适。各种灯光的运用，要突出柔和、自然，不宜过度使用强光和色灯。因为，是视觉和触觉在发现和感受着石头的美。

◎ 蜈蚣旗与辇轿 | ◎ 倚 年

　　华安县的蜈蚣旗与辇轿是民众传世之宝，为北溪的仙都、良村、华丰、湖林和新圩等乡镇林、李、陈、汤、蒋、黄诸姓供奉在庙宇中，系其主要姓氏举行丰收喜庆等民俗活动时一种颇具特色的主要标志物品。华安县现珍藏蜈蚣旗100面、辇轿16顶。据专家考证为明清遗物，堪称世之瑰宝。

　　蜈蚣旗俗称大旗，因旗的外沿有锯齿加之形态酷似蜈蚣而得名。蜈蚣旗呈长方形，左右两边有两条飘带，顶端有魁藤编制的装饰品。每面旗长度为8.8米，宽1.4米。主体采用金葱线将含珠的腾飞图案刺绣在红色绒布上，并分别配有124个才子佳人的绣像，人物大约20厘米至60厘米不等；旗上绣有"新源春绣房"字样，出自泉州艺人之手。出行时由3根长竹支撑，15个壮男轮流擎起，很气派，给人以高远、华贵的感觉。南山宫的蜈蚣旗曾有两面于1993年3月出国赴菲律宾展览，受到海外嘉宾和专家、学者的高度赞赏。

　　辇轿整体形状观之似八角六层亭台。它的高度为2.14米，直径为0.96米，重246斤。元始天尊雕像（或葫芦）端坐在上，里外三层皆镂空透雕着331位名流仙客。整顶辇轿的雕刻，有的腾云驾雾，有的骑凤乘龙、有的居案阅卷……盘踞在辇轿四周和支柱上的16条苍龙、大小不一的8只彩凤和28头雄狮栩栩如生，有呼之欲出之感。错落有致的花鸟树草，令人目不暇接。人物大的不足四寸，小的只有两寸见方，神态各异，惟妙惟肖。据传，每顶辇轿师徒两人要花费一年两个月的时间精心雕凿，还要用几十两纯黄金碎末粘贴粉饰，可见其价值之高，加之构思巧妙，工艺精湛，整顶辇轿显得富丽堂皇，金光耀眼，令人叹为观止。喜庆日子需用12个大汉轮流扛行。

◎ 梦圆南山宫 | ◎ 黄毅辉

　　晨曦初露，站在南山宫门前远眺，缕缕薄雾清烟从山谷间飘然而过，犹如进入蓬莱仙境，山脚下一群群游客和健身者，快步拾阶而上。

　　南山宫坐落在九龙山余脉南山上，是一座皇宫太和殿式的古建筑。宫右后侧有一个常年出水的泉眼，清澈见底的泉水顺着宫四周的水沟流淌，"四面环水"，把南山宫衬托得十分灵动，故其享有"闽南一清"之美誉。

　　相传，南宋期间，曾有一个医术高明的道士，常游走于良村一带行善事，为贫苦百姓解危济难，救死扶伤，良村人由此一度得以平安地休养生息。为了真诚挽留该道士在此地继续造福百姓，良村人翻山越岭，精心择址，终于找到了南山半山腰处"山水一色"之宝地。南宋德□元年（1275年），居住在良村的庄、柯、王三姓氏村民慷慨捐资，建了简易的道宫，供道士清修。黄氏迁入良村居住后，对南山宫进行重建，明英宗正统六年（1441年）和明孝宗弘治十五年（1502年）又相继重修，清朝年间也几经修葺。

　　清顺治元年（1644年），明遗臣太仆陈天定自京都避敌南下，流寓南山宫两年，亲笔题宫门匾"南山宫"（后毁于"文革"中），改写殿内匾额"圣祖大仙"为"德茂天初"。如今，南山宫供圣祖大仙（仙妈）和都统舍人神像，留有据传为陈天定所作的签诗36首。

　　1997年，乡亲们在南山宫左侧建起了一座占地100平方米，正堂三间，下厝两间，中配有天井的"圆梦堂"。后来，常有游客、信男信女来南山宫朝拜，留宿"圆梦

堂"，在此过夜祈梦，期盼圆心中的梦，成心中的事。

如今，南山青翠依旧，风光秀美，环境怡人。南山脚下是一片片绿意浓浓的优质铁观音茶园，省道金上线绕南山下而过，路两旁是一座座整齐划一的农家厝，从南山脚下已铺设一条宽敞的水泥路直达南山宫，矗立在南山上的道教遗址南山宫因此更显庄重。

2006年5月25日，南山宫被国务院批准为第六批全国重点文物保护单位。距离县城仅8公里，距离世界文化遗产华安大地土楼群13公里的"闽南一清"南山宫知名度日益提升，影响力日渐扩大，每天都吸引着许多游客、信男信女慕名而来。每逢农历初一、十五，南山宫更是人来人往，热闹非凡，成为华安旅游、观光、休闲、朝圣的一个不可多得的景点。

寻找故事传说

　　雄健的北溪水奔流不息，两岸青山连绵滴翠，华安人民在这片富庶的土地上辛勤劳作，繁衍生息，积淀了丰厚的文化财富。故事传说代代相传，几十代人的集体智慧因而似明珠般闪闪发光，最能体现历代人民变迁着的观念和文化心理结构。读之似饮陈年老酒，令人回味无穷。陈政、陈元光父子为开发漳州披荆斩棘，陈天定一身正气，唐朝彝两袖清风，蒋士熊艰辛创业，金小姐自强自立，闽南妇女贤会娘聪明机智。这些人物在传说中虽不乏夸张和虚拟，但闽南人的种种优秀品质似为聚光灯所照耀，更加光芒四射。关于圆楼的传说，由于人们无法理解其财富的积累和来源，在口头创作中加入诸如"黑蛇孵谷"、"白马引路得银"等虚构的内容，这是时代局限和文化心理结构使然，相信读者自会"买珠还椟"。

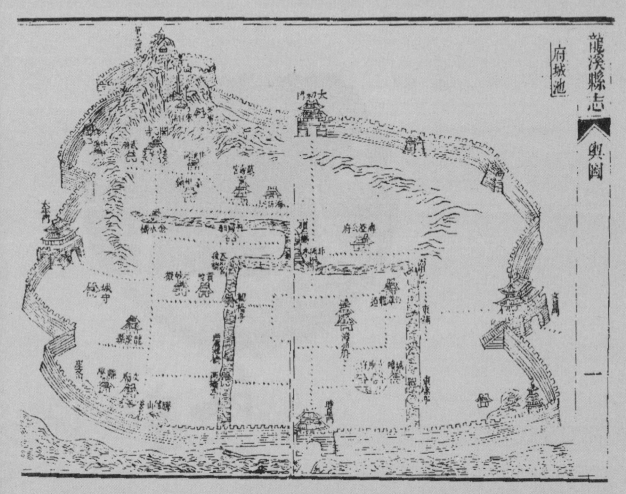

清龙溪县舆图

◎ 仙都三宝 ◎ 林 涛

在华安县仙都镇、湖林乡和安溪县交界处的九龙山上，有个九龙湖，湖边长着别致的丫杈向下的"倒插竹"，水里游着罕见的长着四条腿、拖着尖尾巴的"四脚鱼"，还有"五雷宫"，合称"三宝"。三宝还有优美动人的传说呢。

倒 插 竹

传说唐朝时，福建南部即现在的漳州地区，蛮獠啸乱，唐皇命令陈政将军挂帅征讨。他辞别河南光州父老，离开美丽的清漳河，率兵过南岭走潮汕，一路大小数十战，蛮兵每战必败，望风而逃，丢了许多峒寨。陈政骑着高头大马，兵将前呼后拥，锣鼓喧天，旌旗蔽日。大队人马浩浩荡荡直抵华安地面的桃源峒前安营扎寨，摆开决战的架势。

桃源峒主年轻力壮，武艺高强，而且粗通兵法，决心收复失地。他探知陈政兵精将勇，与军师商定"避力敌，重智取"的策略，于是派出一老卒，送战书到陈政案前。陈政将军看罢战书，发出阵阵冷笑声。原来那桃源峒主约他三日后攻打蛮阵，战书上还写着，如能打开战阵，甘心献出三畬山和百家畬峒，永远归降，不再反叛。陈政心想：蛮兵每战必败，打起仗来，满山地冲，一交战即满山地逃，军行无伍，岂能摆阵？于是陈政信手批下"依期决战"，又下密令除巡逻放哨外，全军就地休息三日。瞭哨回报桃源峒主说："唐军人卸甲，马下鞍。"常言道："气可鼓而不可泄。"陈政下令休息，正应泄气之嫌，那桃源峒主听罢探报，即刻下令："三更下山，四更歼敌，务必人人勇敢，个个争先，不前者斩。"陈政的将士们，自出京城后，日日行军，入蛮地，又天天打仗，现在将军下令休息，人人欢呼雀跃，纷纷倒头死睡。待到四更时分，军营呼哨四起，蛮兵舞刀枪，举竹木，见人便打，见马就拉，哪肯放松。陈政将士仓皇应战，手忙脚乱，结果大败，只好乘马浮过九龙江，往泉州

《海峡二十七城市历史文化系列》

方向奔逃。蛮兵随后紧追，左右堵截。天昏昏，地蒙蒙，激战了三天三夜。傍晚，陈政他们来到仙都地面，面前高耸着一座大山，绵延百里，高有千尺，十分险峻。这便是有名的九龙山。陈政率先占据制高点，立即命令先锋马仁，择水草之地，连夜伐木扎寨。将士们摸黑造寨，哪管竹木的头尾，随砍随扎。翌日，陈政巡营，发现夜里插的竹子都长出枝叶，只是倒插甚多，枝叶向下生长。这就是仙都"三宝"之一的倒插竹的来历。现在九龙山上还长着倒插竹，民间流传谚语说"蛮王机灵，陈政轻信，造宝马仁"就是指这段故事。

四 脚 鱼

陈政清点人马，只剩一百单八骑，于是，分兵把口，坚守山头。蛮兵几次冲杀都被打败，那峒主知道陈政确是能征善战，用兵得法，不敢强攻，所以采用围困断粮之计，欲将唐军饿死在九龙山上。

陈政的兵将是在梦中惊逃的，粮草尽弃。九龙山上有九龙湖，水草丰足，却无粮食。陈政一边遣将，绳坠悬崖入京求援，一边宰杀受伤的战马，保养士卒。

那时交通不便，警报到京城后，又得调兵遣将，交接粮食器械……过了100天，九龙山上的战马全都杀了，救兵还是不到。

忽一日，九龙山下马嘶人叫，一群群的蛮兵在流动准备进攻。陈政的壮士们刀枪锋利，斗志昂扬，但是没有战马，如何驰骋？陈政面对强敌，一时束手无策，便跪在湖边面北哭拜，将士们也沿湖跪拜。忽然湖里的许许多多小鱼长出四条腿，扁扁的尾巴也慢慢尖了、长了，纷纷从湖中跳出，化为战马。将士们跨上战马，又打退了蛮兵的进攻。

五 雷 宫

唐皇接到通报，连夜召来兵部尚书，点来点去派不出比陈政更能干的将领挂帅救援。只有陈政的母亲魏氏，带过兵，上过阵，深有谋略，且母子情深，定能拼老命打败蛮獠，救出儿子，平定南方。

魏氏领旨后，兵发泉州府，取道安溪龙涓，直抵九龙山下上苑地面。桃源峒主将全部力量放在围困九龙山方面，上苑一带只有少数老卒看守粮草。魏氏挥兵攻掠，夺得了不少粮草。桃源峒主调拨强兵猛将，回救后方，依兵法守住上苑溪。打了三天三夜，双方死伤无数，却不分胜负。

这时，魏氏的贴身丫头许七娘自告奋勇要领队渡上苑溪登山解围。这许七娘，你说是谁？她是樊梨花的师妹、黎山老母的关门弟子。一天，她母亲许氏在清漳河洗衣，上游漂来的彩蛋跳入她口中，后来便怀了身孕，生下女婴。有一个乞婆讨饭，见了女婴便连声说有缘分，要收为徒儿。许氏便把女婴送与乞婆，因为时在七月，取名七娘。这乞婆不是别人，正是黎山老母所变，所以，七娘不但武艺高强，还兼有仙法。

七娘渡溪之后，桃源峒主的后路被抄，丢了粮草，他深知援兵厉害，便拟先击败援军，再战陈政。许七娘的女兵男勇被蛮兵团团围困，身边仅存六名女将跟随护卫，其余的不死亦伤。她看见蛮兵蛮将主力集中在这里，正是全歼敌人的好时机，于是口中念念有词，调来天上的五雷轰击蛮兵。雷公雷婆低头一看，不好！七娘和蛮兵缠在一起，一旦轰击不是玉石俱焚吗？可是许七娘为解除九龙山上久围之困，为了唐皇一统江山，甘心和蛮兵同归于尽，便以咒紧催五雷。霹雳响处，火光冲天，唐军与蛮兵尸首满地。魏氏趁机率兵冲上九龙山。他们祖孙三代会师了。

陈政向母亲禀报鱼儿变成战马之事，魏氏率众沿湖察看，许多来不及变成马的鱼儿果然长着四条腿，拖着长尾巴。人们叫没变成战马的鱼儿为"四脚鱼"。

魏氏回到上苑战地，论功行赏，七娘得头功。为表彰她的功劳，决定在她升天处盖庙，内祀七仙女，就是七娘和六女将，称"五雷宫"。五雷宫和四脚鱼、倒插竹并称仙都"三宝"。

◎ 陈天定在华安 ◎ 陈进昌

良村三个黄，不如罗伴一个方

　　陈天定弃官隐居罗伴（华山），仍念念不忘学业，在当地聚徒讲学，传授坟典。某一科年，罗伴很多秀才参加会试。其中一个方姓秀才因事耽误，和良村三个黄姓秀才同路，路上免不了闲谈消磨时间。姓方的秀才介绍陈天定在罗伴讲学，授课深入浅出，立论新颖。有个黄姓秀才颇不以为然，讥讽陈天定说："一个有官做到无官的人，有多大本事？如果有大本事，怎么不留在朝中做官！"姓方的本想说恩师"宁为明朝狗，不做清朝官"，转念一想，又怕恩师为此吃官司，便哂笑道："燕雀安知鸿鹄之志！"三个黄姓秀才故意歪曲说："你是鸿鹄，我们是燕雀，

真是岂有此理。"姓方的说："我是说恩师陈太仆是鸿鹄。"三个姓黄的嚷道："名师出高徒，你老师既然是鸿鹄，教出的学生自然是鸿鹄啰，焉有鸿鹄生燕雀之理！"其中一个姓黄的说："啰唆话免讲，这次我们三个中只要有一个中举，你就做燕雀，爬着回来，好吗？"姓方的反问："要是我中呢？"三个姓黄的齐声说："如果你中举，我们三个爬着回来！"姓方的知道他们矛头是对准太仆的，自己无论如何要争一口气，便欣然应战："一言为定！"

　　后来，三个姓黄的都落第，姓方的高居榜首，同时罗伴还有17人中举。三个姓黄的无颜去会方举人，悄然而归。方举人也一笑置之，不再计较。所以，到现在，当地还流传着"良村三个黄，不如罗伴一个方"的故事。

辨字迹寻父

　　据说陈天定在高登岩出家后，并非六根清净，忘却尘世，仍旧关心当地人的农事。高登岩地处高山顶上，山高水冷，插秧时，秧苗都要沾上骨灰，才能抗御春寒，尽快返青生长。有一

陈天定所题匾额

年，漳州府战事频仍，兵荒马乱，高登岩人因无处买骨头烧灰沾秧，季节逼近，为此事而犯愁。陈天定得知后，马上写一字条，指点高登岩人到漳州某街某货行买骨头。高登岩人揣着陈天定的字条，来到货行。老板见了这张无头无尾无落款的字条，便问他们是哪里人，高登岩人觉得世事纷扰，谨慎为上，只说从北溪来。老板细看纸条，辨出字迹乃父亲的手笔，惊诧不已地说："看这字迹乃出自家父之手笔。我寻父数年，杳无音讯，请客官据实相告。"高登岩人唯恐有诈，害了陈天定，便拐弯抹角地说："这字条是一个和尚写的，我们并不知道他姓甚名谁。"老板更加惊诧，喃喃自语："难道……难道我父亲出家了？"老板再三追问，高登岩人仍然支支吾吾。老板看出他心存疑虑，便搬出父亲离家前所读诗书和手书诗词墨迹，高登岩人这才据实相告。后来，陈天定的儿子数次入北溪，上高登岩拜见父亲，劝父亲回家，陈天定都未应允，直到晚年病重之时，才被儿子接回去。

　　至今，当地仍流传着一句话：陈天定热心帮助咱做田的买骨头，才没有将自己一把骨头丢在这高山上。

寻找故事传说

唐朝彝的故事 ◎ 黄超云 陈小环

吓倒满族官

满清时代，考进士，入翰林，要学满洲文字。满文弯弯曲曲，像串钱贯，和汉字全不一样。唐朝彝当了宗人府丞，所管的是宗族的生死、嫁娶、俸禄、封荫这些事情。府尹是满洲人，不管事。朝彝算是二当家，一切事情都得管。府里的满族官员，以为朝彝是汉官，大概不懂满文，故意呈上一大批满文文件，叫他签押。不料朝彝不但精通满文，条例也很熟悉，拿起文件一看，哪些是该批准的，哪些是该批驳的，一件件根据条例，用满文批个一清二楚。批示以后，唐朝彝叫来满族官员狠狠地训示一顿，告诫他们不得蒙混欺骗，想侥幸过关。满族官员碰上了软钉子，吓得磕头叫"喳"，连连说"不敢"。

知恩图报

唐朝彝幼时，家境贫穷。有个好心的补鞋匠看他仪表非凡，谈吐不俗，便经常接济他，让他能够安心读书。后来，补鞋匠还资助他上京应考，中了进士。朝彝为官几十年，清廉正直，两袖清风，从来不肯接受人家的礼物，和包公一模一样，到了告老还乡之日，仍旧住那破旧的房子，无钱修葺。这时候老鞋匠也已经老得无法干活，而且穷得几乎没饭吃。朝彝虽然时常拜访旧恩人，却没钱救济他，只能相对叹息而已。

有一次他坐在临街的家门口晒太阳，一位新任的漳州知府，大摇大摆地坐着六人抬的大轿，从街上经过，鸣锣开道，前呼后拥，好不威风。街上的人都躲得远远的，只有唐朝彝仍坐在那里纹丝不动。如狼似虎的衙役们认为这老头真够大胆，竟敢顶撞知府大人的仪仗，狠狠地鞭打了他几下，还把他抓进衙门去。新知府审讯后才知道这位白发苍苍的穷老头子原来曾经当过广西道御史、江南道御史、宗人府丞，还曾参加过九卿会议，因他敢于大胆直言，连当朝宰相还让他三分。新知府大吃一惊，自知闯了祸，怕朝彝参他侮辱大臣，丢掉乌纱帽，连忙下座赔不是，恭恭敬敬地送他回去，还答应接受他的任何处罚。知府随即派个师爷私下找他讲情，打听处罚消息。唐朝彝叫他问问补鞋匠的意见，补鞋匠本着息事宁人之意，才罚他白银250两，唐朝彝就把这笔银子送给补鞋匠做养老金。

做　寿

　　传说唐朝彝在朝为官清廉公正，两袖清风，告老还乡后更是清贫，夫人常埋怨他自讨苦吃，跟他一辈子倒霉。唐朝彝一笑置之。某年某月某日逢他寿诞，估计会有不少门生故旧贺寿，他提前让家人传出话，贺寿礼物一概不收，只收字画花草。

　　届时，果然门生故旧都送画送花，唐朝彝命家人在每件礼物上贴上贺者姓名。夫人一看收的礼物都是些不中吃不中穿的无用之物，便讽刺丈夫：“以后你每日吃一盆花就饱了，何须吃饭。”唐朝彝笑笑，说：“一盆花怕是一家人一个月都吃不完呢！”夫人哂笑不已。唐朝彝叫夫人将花拔起，盆中都是黄灿灿、白花花的金银财宝，夫人叹服。唐朝彝命家人翻查，凡花盆中埋金藏银者一律退还，并对夫人说：“欲取取之不尽，吾不取也。钱财身外之物，强取乃匪，巧取乃贪官。取此不洁之物，有污清名，吾所不为也！”

寻找故事传说

◎ 香 汗 女 ◎ 钟武艺

南宋末年，京都临安城董将军府上张灯结彩，大摆宴席，原来是为庆贺女儿满月之喜。董家已有三子，晚年有幸再得一女，真是"锦上添花将军府，乐中生悲世人家"。女儿落地时满室红光，香气四溢，甚为奇异。当时董将军以为是姆家婆蒸点檀香，只有董夫人心中有数，知道女儿身沁异香，后必大贵。

过后不久，元兵攻破临安城，南宋官员纷纷南逃。董将军带着家眷随从来到漳平永福地面，襁褓中的女儿突然大哭不止，董夫人以为爱女得病，便叫董将军暂且驻扎下来。说来也怪，队伍刚安顿好，女儿就不哭了。董将军见小女无恙，心情舒畅，便出来走走。他发现这地方依山傍水，地理位置独佳，干脆不走了。一家子在此栖身下来，经过十几年的辛勤耕作，已是满眼田园，初具村庄规模。董将军又收留了不少南逃的百姓，大家安居乐业。这村庄便是董村。

董家女在这宁静和谐的环境中逐渐长大，到了15岁，已出落成一位亭亭玉立的少女了。她的模样比出水的芙蓉还俊美，心灵纯洁得比冰雪还白。父母视为掌上明珠，倍加爱护。因为她身有异香，不仅走路生香，连流汗都香气扑鼻，"香汗女"便成了她的美称。方圆百里，谁都知道，董家的女儿是位绝代佳人。

谁料，平地也能掀起轩然大波。这天，香汗女在村外流连忘返，忽然看见烽烟四起，急忙往回赶。路上，一队元兵飞驰而来，他们看见山坡上飘下一位婀娜多姿的仙女，闻得清风吹来的异香，都勒马呆住了。直到仙女消失，元兵才缓过神来。领队的猴眼一转，心想：传说董村有奇女，必是这位！如果报与王爷得知，定有重赏，说不定还保我官升三级呢！于是他赶回营报告乌鲁不花王爷去了。

乌鲁不花是派驻福建的官员，他倚仗自己是皇亲国戚，飞扬跋扈，无恶不作。这家伙还是好色之徒，闻部下飞报，才知道世上竟有如此的"活宝"，怎不垂涎三尺！乌鲁不花正要下令去抢香汗女，忽然一匹快马冲进营中，带来可汗圣谕。原来，可汗已称帝，颁下圣旨，说是要学前朝儒将风范，严禁元将入民间掳掠。乌鲁不花大为泄气，可坏念头一转，又生一计：不能硬的，就来软的，明日指派媒婆提亲，再用大轿抬来，明媒正娶，上边知道也拿我没办法。至于董家嘛，在我管辖范围之内，难道他敢拒绝我！

第二天，媒婆来到董村。董将军闻言愤极，大骂乌鲁不花。你想董将军乃宋朝臣民，与元朝不共戴天，怎能应允！香汗女柳眉倒竖，杏眼圆睁，怒叱媒婆："回去告诉乌鲁不花，我香汗女尽忠尽孝，誓死不从。"董家当下便把媒婆逐出门外。

媒婆走后，董将军知道凶戾的乌鲁不花不会善罢甘休，连忙召集家人，要他们赶快出逃。董将军命三个儿子各挑来两口鼎，捆好绳子后，吩咐儿子各走一方，哪里绳断鼎落就在哪里安家，并且要改姓埋名，"拔草留童"。儿子走后，董将军又叫人去唤女儿，收拾家什打算去广东投奔故友。可是家人前找后找，却不见了香汗女，这可把董将军急坏了。大祸从天而降，犹如晴天霹雳打在香汗女头上。香汗女知道是自己拖累了全家老少，又想到以后必是凶多吉少，如果落入乌鲁不花掌中，再也难保父亲一世清名。祸因我而起，我若死了，便一了百了，免得拖累父兄。她乘乱走出村外，来到山上，纵身跳下山崖。等众人找到香汗女，早已是香消玉殒了，董将军夫妻俩抚尸痛哭，爱女已亡，老两口活在世上还有啥意思，最后双双拔剑自刎。再说乌鲁不花看见媒婆归来狼狈不堪，想不到董老头如此不识抬举，不由勃然大怒，率兵亲自来董村捉拿董将军。但是董村已人去楼空，只剩董家父女三人横卧于地。事到如今，乌鲁不花也只能空手而归。为了掩盖自己的罪行，他叫一些姓陈的汉人住进董村，并把董村改为"陈村"。

姓陈的人敬佩香汗女为人，暗地里把他们一家三人安葬入土。第二年立春时节，山坡上的野花又开了，香汗女的坟上也长满了洁白如玉的鲜花，春风徐来，香气沁脾。大家都说香汗女化成了白花，为了纪念香汗女刚烈不屈的气节，大家从此把这种无名山花命名为"瑞香"。清明节一到，陈姓人便带了祭品去给香汗女扫坟。年轻人见瑞香花长得标致，心里仰慕，都采几朵戴在胸前，大家也纷纷仿效，这种习惯便成为风俗传承下来，并且流传到外地去。

现在高车乡有数千人丁姓童，传说就是董将军的一支后裔，他们每年都要去陈村祭祖。另外两支童姓族人呢，听说就分布在长汀等地。香汗女的故事都载进了他们的族谱，在董将军后代中广为流传。

◎ 九色巨龙变大江 ◎ 叶腾凤

　　相传在非常遥远的时候，北溪江畔住着一对夫妻。他们年过半百才生下一个儿子，儿子呱呱落地时，正好谯楼敲响三更鼓，老夫妻便为儿子取了个名字叫"更鼓"。夫妻俩非常欢喜，又在屋后种了一丛红石竹。不久，父亲因积劳成疾死了，母亲忍痛含悲地过日子，每天砍柴挣钱抚养小更鼓，同时天天浇灌那丛红石竹。

　　光阴似箭，一晃20年过去了。更鼓长得粗眉大眼，腰圆膀宽，样样农活都干得十分出色，上山砍柴，下江放排，风里来雨里去，岭上打滚，江里翻腾，养就一股沉默寡言、忠厚倔强的脾性。每到晚上，更鼓就拿起红石竹制成的笛子，吹起山歌为阿妈解闷。阿妈看着儿子长大成人，心里得到无限的安慰，但想到家里贫穷，无法给儿子娶媳妇又常常独自叹气。春天来了，枯木吐芽，竹笋破土而出，漫山遍野开满红的、黄的、白的山花。一天夜晚，更鼓在朦胧的月光下，看着屋后婆娑的竹影，听着春笋破土的窸窣声，就从屋里取出竹笛吹起了动听的情歌。红竹叶在笛声和春风中飘动。恍惚间，更鼓似乎看到一个亭亭玉立、含情脉脉的少女在竹丛中向他微笑，再定神一看，月光下依然是那丛竹子在迎风摇摆。更鼓自以为看花了眼，轻轻长叹一声回屋里去了。第二天早晨，更鼓要到江边扎木排，可到那儿一看，江边的木排已经扎好了，沙滩上还插着一支撑杆。这是谁帮忙干的呢？莫不是乡亲帮忙扎的？更鼓感到纳闷，回来便把这件事告诉了阿妈，阿妈也感到十分惊奇。一连三天，更鼓从山上拖到江边的木头都被扎得好好的，邻里乡亲也不承认帮过忙，母子俩商量要弄个水落石出。

第四天天刚蒙蒙亮，晨雾缭绕着山峰，更鼓与阿妈便躲在树丛中探看江边的动静。一会儿，忽听屋后石竹丛中响起一阵"哗啦啦"的响声，随即从屋后走出一个少女来。这少女长得窈窕娉婷，身穿一件黄色衣服，脸似三月桃花，眼若一泓清水。少女拂去身上的露珠，轻盈地沿着屋前小路走到江边。她非常熟练地搬木头扎起木排。更鼓越看越觉得奇怪：这少女正是他前几天吹笛子时在竹丛中所见到的那个姑娘呀！更鼓忙把阿妈拉到屋后红竹丛下，看见原来一株刚出土的石笋不见了，周围剩下一层层剥落的笋壳。更鼓明白了，这少女正是石笋变的。他急忙把笋壳收藏起来，飞也似的向江边奔去。正在专心捆木排的少女猛然抬头，见到更鼓站在面前，一下心慌了，又低下头来，不知所措地摆弄着衣襟。

更鼓面对这如花似玉的少女，胸中如揣着一头小鹿，激动得连话都说不出来。少女忽然想起自己的身份，赶忙抄小路跑回石竹丛中。竹丛中的笋壳不见了，少女急得团团转。阿妈走近对少女说："善良的姑娘，跟我们一起过日子吧！咱家虽穷，但人好呀，会合得来的，更鼓忠厚，不会亏待你……"少女瞧瞧这年迈的老阿妈，瞧瞧那慢慢走来的更鼓，双颊飞红，含羞微笑地低下了头。就这样，天作良缘，更鼓与石笋姑娘成了亲，第二年春天生下一男一女，一家无限欢乐。更鼓砍柴放排，石笋纺纱织布，阿妈照顾小孩子，养猪喂鸡，夫妻百般恩爱，儿媳万般孝敬婆婆，日子过得十分美满幸福。

但是，山沟多阴风，江海多恶龙。那一年盛夏，79天没下过一滴雨。天上骄阳似火，江水干涸了，树木禾苗枯萎了。乡亲们跪在太阳下祈求上天降雨，但是一天一天过去了，天上没有一丝云，地上没有一丝风，太阳光仍炙烤着万物。更鼓无法放排，家中仅存的一些番薯也快吃光了，一家人陷入困境之中。

一天晌午，忽然狂风大作，从西边天际飘来无数乌云，霎那间布满整个天空，隆隆的雷声震撼着群山。人们雀跃欢呼："雨快来了！雨快

寻找故事传说

来了!"阿妈热泪滚滚,石笋愁眉舒展,更鼓乐得满山狂跑。忽然一道闪电划过,半空中炸响一声巨雷,一团火球在空中散开,火光中现出九条红、橙、黄、绿、青、蓝、紫、黑、白的巨龙,在张牙舞爪地上下飞舞。慢慢地,九色巨龙往南方飞去。顷刻间,满天乌云消失了,空中悠悠地飘下一匹黄绫。人们争先恐后地围上去,见黄绫上写道:"逐日押送童男童女一对至九龙潭,供九龙享用,否则天将永不降雨。"像突然炸响的一声巨雷,乡亲们都吓呆了。

面对这凶狠的九龙,人们有什么办法呢?为了解救活着的百姓,母亲们只好忍痛割断骨肉亲情,含悲丢弃儿女,各村各户轮流每天送一对童男童女到九龙潭去供给九龙。但是十天过去了,天空照样火辣辣的,雨一滴也没有下,乡亲们感到悲哀和绝望。

夜里,更鼓的家点亮一盏油灯,石笋紧紧抱住两个孩子,阿妈在暗暗地哭泣。更鼓长叹一声,对石笋说:"这九龙不除,民不安宁。我想舍身救下众乡亲,但没有个好法子!"石笋说:"除九龙是有法子的,但九龙狠毒,凶多吉少。"更鼓说:"九龙不除,灾难要落在咱们身上不说,不知道还有多少乡亲要遭受祸害!还是让我一个人去死,保住乡亲吧!"石笋听了虽感到痛苦,但想到乡亲们受害,她还是同意让丈夫去为民灭龙除害。石笋从梳妆盒里取出一支金钗,又从红石竹中砍下一枝竹,将它烧成灰,然后将两样东西交给更鼓,并教他如何使用。这一夜夫妻相对坐到天明。

第二天,更鼓用箩筐挑起一对儿女,在乡亲们的陪同下,他挥泪告别了妈妈和妻子,来到九龙潭。乡亲们照样点香烧纸,祈求九龙降雨,而潭水却纹丝不动。到三更,冷风阵阵,忽见潭水轻轻荡漾,随之鼎沸起来,水声隆隆大响。箩筐中的孩子惊得大哭起来。乡亲们也吓得躲在大石壁下。更鼓面无惧色,巍然而立。忽然间,潭中冲出几十丈高的水柱,九条巨龙腾空而起,张开血盆大口向箩筐扑去。说时迟,那时快,更鼓从怀中掏出石竹灰向九龙撒去,返身挑起箩筐往回跑。顷刻间,烟雾腾腾,烟灰刺鼻,其中八条巨龙被石竹灰弄瞎了眼,晕头转向,狼狈逃窜,都撞死在闽南大山上。青龙躲闪得快,侥幸没被烟灰所伤,它回头发现更鼓挑着孩子跑了,口吐乌烟追赶过去。眼看就要被追上,更鼓赶快把孩子藏在石崖下,向沙滩跑去。青龙"呼"的一声从天空直冲而下,伸出巨爪要抓更鼓,更鼓眼疾手快,从怀中掏出金钗向青龙抛去。只见一道毫光闪过,金钗刺中青龙背部。青龙大叫一声,又向更鼓喷射

出一股烟火，便慌忙带伤逃跑了。烟火包围住了更鼓，没多久，更鼓就被烧成一块黑色巨石。石笋与阿妈闻讯赶来，抱着两个孩子和石头大哭，泪水浸湿沙滩，浸白了滩中的石头，阿妈就这样把眼泪哭干了，死在江边。这时，天上忽然有一团乌云从远处飞来，青龙负伤后兽性大发，回头又向石笋和孩子扑来。怒火在石笋胸间燃烧，她决心杀死青龙报仇雪恨。石笋把孩子交给乡亲，跑上山冈，向青山举手一挥，立时山风呼号，山顶上无数竹子变成数不清的竹签向青龙射去。青龙口吐烟火，把尾巴一扫，向石笋喷出烈火。石笋取出绿色手帕一拍，火焰熄灭了。她突然变成一株大竹笋，被青龙一口吞下去。不一会儿，青龙腹部绞痛，忽地一声巨响，石笋从青龙背上刺了出来。这时，倾盆大雨从天而降，青龙口中吐出一股清澈的泉水。这股泉水沿着更鼓、阿妈死去的地方流入九龙潭。从此甘霖滋润万物，大地恢复生机，人们又安然生息了。相传这青龙变成"青龙岭"，龙头变成"龙头山"，石笋变成"石笋尖山"，巍然屹立在青龙岭上，挺拔俊秀。人们把更鼓变成的石头叫"更鼓石"，阿妈死去的地方叫"哭子涧"。更鼓除龙撒灰的地方，因为竹灰沉淀，一潭江水长年清澈，人们叫它"万世清"。九色巨龙变成大江，叫做"九龙江"，日夜川流不息地滋润着闽南大地。

◎ 坪山柚的由来 ◎ 叶腾凤

　　柚子产于福建、广东、广西、浙江、四川、湖南等地，果大呈圆形，果皮黄色，果肉甜酸适口。柚子外形似满月，每逢中秋佳节，一家老少团圆欢聚，餐桌上除了月饼之外，总离不开它，特别是旅外华侨和港澳同胞更视柚子为庆祝团圆、欢度佳节必不可少的山珍。柚子品种很多，主要有文旦、沙田、坪山三种。其中盛产于闽南华安县的坪山柚堪称为上品。坪山柚的来历有一段神奇的传说。

　　相传在很久很久以前，闽南九龙江北溪上游有一个山明水秀、四季如春的好地方叫坪山。坪山濒临北溪，面对花山，背靠笔架峰。这里的江水碧蓝清澈，山泉冰凉甘甜，山上长满茂密的果林，田野开不尽芬芳的山花。坪山上住着一个叫吕由的后生。吕由从小就失去了父母，但是他并不孤独，乡亲的抚育和家乡的鱼米甘露使他长得像一头小牛那样健壮。他勤劳勇敢，砍柴耕作，打鱼撒网，坪山的七沟十八梁、江中的三道十六弯都洒下他辛勤的汗珠。

　　春天里的一个早晨，天刚蒙蒙亮，吕由划着三肚船（北溪江中的一

种小船）至离家五里地的北溪上游钓鱼。吕由把带来的干饭团放在一边，坐在溪边一块大石头上垂钓。忽然间，只听见一阵"哗哗"的水声，一道金灿灿的毫光刺得他双眼睁不开。惊讶中他定神一看，只见一条草鞋宽、扁担长的大蜈蚣口含一颗闪闪发亮的宝珠向干饭团爬去。蜈蚣把宝珠吐在石头上，一口一口地吃起饭团。吃完了，它又把宝珠含在口里，蹒跚地钻进石洞中去了。

吕由看呆了，没心思再钓鱼，收拾起东西，驾着三肚船急忙回了家。

夜里，他翻来覆去，一直睡不着，晶莹的宝珠在眼前闪烁。他心想：要用什么办法才能从蜈蚣的口中取出宝珠呢？吕由想来想去，鸡叫三遍还想不出一个好法子来，正当苦思冥想时，忽听"叮当"一声，桌上的瓶子倒了。吕由一骨碌从床上跳下来，点亮豆油灯察看。哎哟！桌上的油瓶被老鼠撞翻了，连旁边的一瓶老酒也摔破了瓶口，酒和油从桌面顺着桌沿往下流。吕由匆匆拿来一个碗接住，暗暗地咒骂起老鼠来……猛然间他心中一亮：这酒和油不正好可以用来取宝珠吗？吕由马上把灶火升得旺旺的，用掺和在一起的酒和油炒了一大团香喷喷的鸭蛋饭，细心地包好，拿起钓鱼竿，驾起三肚船往上游划去。

跟往常一样，吕由把饭团放在原来的地方，装作若无其事地坐在石头上钓起鱼来。大约一袋旱烟的时间，躲在石洞中的大蜈蚣嗅到晨风中飘散来的饭香，悄悄地蠕动着身躯又爬了出来，瞧瞧四周没有动静，就把口中的宝珠吐在一旁，大口大口地吞食起饭团。吕由屏住气，镇静地坐着，宛如一尊大石。约莫一炷香的时间，蜈蚣吃完了饭团，酒性发作。只见它张口咧嘴，摇头摆尾，蜷缩成一团，昏沉沉地躺在石头上睡着了。吕由蹑手蹑脚走了过去，一把抓起宝珠，连奔带跑地跳上小船，操起双桨，小船箭一般向下游射去。蜈蚣惊醒了，发觉宝珠被偷，"噗"的一声闯入水中，翻波逐浪追赶吕由。一时间天昏地暗，风声嘶叫，浪花飞溅，雾气腾腾。蜈蚣游得快，小船划得更快。十尺、八尺、五尺，眼看

就要追上了。就在这千钧一发之际，忽然间天空炸响一声震天动地的霹雳。顷刻间，烟消雾散，江水恢复平静，蜈蚣也消失得无影无踪了。一轮红彤彤的太阳升起，蜈蚣宝珠在旭日映照下放射出光彩夺目的奇光，九龙江水和岸边的青山都染上一层灿烂的光辉。

坪山沸腾了，乡亲们露出惊奇的神色争着看这颗宝珠，宝珠把乡亲们脸庞都映红了，把心房都照亮了。人们赞叹吕由的聪明和勇敢。正当乡亲们传看宝珠时，一阵春风吹来，潮湿的空气中飘散着一股幽兰的芳香。又一阵春风吹来，宝珠忽然射出更刺目的光芒，奇光异彩把人们搅得眼花缭乱。"嗤"的一声，宝珠脱手而出。飞了！飞了！宝珠飞了！似流星般拖着一道长长的红光，宝珠悠悠地向坪山飞去，慢慢地掉落在坪山坡上。乡亲们蜂拥而上，拨开草丛，搬开石头，满山遍野寻找，但是除了含着晨露的杜鹃花和迎春花外，宝珠不见了。吕由急了，在宝珠掉落的地方拼命挖下去。乡亲们拿来砍刀劈下山坡上的荆棘，挥舞镢头掘开地皮，从清晨挖到太阳下山，从星星眨眼挖到晨曦初露，整个坪山坡都翻遍了，只有黑黝黝的泥土，哪里有宝珠的影子呢？吕由焦急！乡亲们惋惜！但是就在宝珠掉落的地方，却忽然长出一株绿油油的奇特的树苗，这树苗叶大而厚，呈心脏形，树皮光滑，叶子散发出一阵阵馥郁的香气。树苗在春风中轻轻地摆动。坪山人能分清禾谷与稗草，能分清几百种春草与果树，但就是从来没有见过这种树苗。吕由惊奇叹息，一位上了百岁的老爷爷拄着拐杖走了过来说："孩子，别哀叹！有宝有福，无宝也有福。这树苗要是宝珠变的，肯定是奇种，只要勤奋培育，日后说不定会给坪山带来幸福。"吕由思忖着老爷爷的话，觉得有道理，于是日夜精心培育这株树苗。他从笔架峰引来最甘美的清泉，从九龙江边取来最清澈的江水灌溉，坪山的雨露也慷慨地滋润这株幼苗。第一年春天树苗长高了三尺。三九艳阳天，土地龟裂，河水干涸，树苗枝叶低垂。吕由心疼了，他翻山越岭，从石枫涧挑来一担一担泉水，一滴一滴地浇

在树苗上。冬夜里他提着灯笼给树苗打围铺草，挡风保温。第二年春天树苗又长高了三尺。

寒来暑往，冬尽春至，第三年春天树苗长至一丈来高。一夜春雨，树上簇生银花，舒展开来的四个花瓣如同天上飘

来的雪片，簇拥的花丛有如九龙滩头的浪花。奇异的花香比剑兰浓郁，比桂花清淡，招来无数蜜蜂和蝴蝶。秋天，结下许多果子，圆滚滚、黄澄澄的果子，把枝干压得弯弯的。夜里借着星光远远望去，好似几十个月亮镶嵌在翠屏中。中秋节到了，果实掉了下来，剥开黄色果皮，里头八九瓣半月形的果实紧紧抱成一团。淡红色的果肉宛如宝珠一般晶亮透明，尝一尝，甜酸多汁，满口生津，一股凉爽之气直沁心肺。吕由摘下所有的果子，请乡亲们来到坪山坡赏月品果。秋夜，坪山上父老团聚，一片欢声笑语。乡亲们把吐出来的果子珍藏起来，在第二年的春天全撒在坪山坡上，坪山坡上长出满山绿油油的树苗。第三年春天开出一片如同雪山冰峰的银花，花香飘荡数十里，香透山里山外，香透左村右邻，香透九龙江水。秋天结下数不尽的果实，如同在青山绿水间撒下无数黄色的宝珠。不知过了多少年，这种果树遍布了整个坪山，坪山从此成了花的山、果的冈、金的岭、银的坡。

为了让外村的乡亲都能尝到这种果子，吕由告别了坪山父老，带着种子到外乡传播去了，从此以后再也没有回来。人们为了纪念吕由，就把这种果子叫做柚子，又因为它是长在坪山上，就起名为"坪山柚"。据说柚子的其他品种如文旦等都是由坪山柚移种嫁接的，无论人们如何精心培育，果形都没有坪山柚那么浑圆，底部都凹了进去，果肉也不及坪山柚鲜美。

寻找故事传说

◎ 蒋士熊的传说 　◎ 陈进昌

梅 园 开 基

清乾隆年间，华安仙都大地村出了个奇人，姓蒋名士熊，他身体魁梧，膂力过人，惯使一把大劈刀。他是个农民，却心胸开阔，乐善好施，目光深远。他在安溪、漳平等地开荒田几百亩，有的自种，有的出租，农忙时还请季节工帮忙料理田园。

蒋士熊祖籍龙海海澄，当年仙都开基祖蒋景容的妻子生了一个儿子，一家人正欢喜不迭，不想这囝子啼哭不止，用尽方法仍无法哄他停止啼哭。蒋氏祖慌了神，蒋氏妈在求神拜佛途中遇到一位高人，这先生白发长须，双目炯炯，一副仙风道骨。先生算了孩子的生辰八字，说："此儿非一般之人，将来定可光宗耀祖，大振家声。"蒋氏妈说："如今婴儿啼哭不止，怎么办？"先生闭目凝神片刻，说："你夫妇俩抱此儿往东北方走，'梅花开，囝子笑'，便是此儿创业之地。"

蒋氏妈回家将先生之言说给相公听，蒋氏祖深信不疑，次日便携妻带囝，开始了寻找开基创业的新天地的征程。经过不知多少天的跋涉，他们来到仙都大地这地方，歇息之时，蒋氏妈解襟给囝子喂奶，囝子吸

足奶水之后，竟第一次抬头笑了。蒋氏祖一看，蒋氏妈身后一棵桃树，星星点点挂着早开的花朵。蒋氏祖一拍大腿道："咱这'下南'地气，梅桃同时开，如今团子笑了，此处便是开基创业之地啊！"

蒋氏祖在大地建厝垦荒，男耕女织，后来蒋氏祖特地从外地移了几株梅树栽种于房前屋后，几年后成了梅园。如今蒋氏祖祠匾镌"梅园"，便是这段传说的佐证。也许，蒋氏祖居于海澄，痛感倭寇海盗骚扰，不利于家族繁衍壮大，才迁居内陆。也许蒋氏祖看中仙都大地这片平坦肥沃，且有群山为屏障的聚宝盆式土地，才说梅桃同开。如此这般，均系后人揣测，实实在在的是蒋氏在这块土地上扎了根。

闯 荡 江 湖

话说蒋士熊到了而立之年仍未婚娶，这并非他身体欠缺，也不是人家姑娘看不上他，而是蒋士熊胸怀大志，决意创一番大事业，他想娶一位非同一般的奇女子来做他创业的贤内助，挑来拣去，寒来暑往，竟误了青春年华。家人着急，到处求签问卦，竟说他命犯孤鸾。

蒋士熊善养牛，有一天，他赶了一群牛经过他哥哥门口，两个小孩大声叫唤："快来看，阿叔这群牛又大又壮，肯定很值钱。"另一个小孩说："咱阿爸说，阿叔无某无猴，钥匙挂裤头，将来他的家财都是咱俩的。咱要平分，谁也不能独占。"童言无忌，但侄子的话像一根针直扎蒋士熊的心尖。这一夜他在床上翻来覆去，难以入眠，为什么他命犯孤鸾，难道他创下的家业，一定要拱手送给无能浅薄的侄子辈？第二天，他把牛群卖了，锁上屋门，扮作相命先生闯荡江湖去了。这一天，他来到茶烘（现在的县城）的后坑村，一路劳顿，使他喉干舌燥。他蹲在一条清澈的水渠边用双手捧水喝，捧起来的水多，喝到嘴里的水少。他一时兴起，干脆伏身渠岸，把头伸到渠中，像牛似的咕咕直喝，不想对面传来一声脆笑，害他呛了一下，竟大咳不止。他抬头一望，见一女子明眸皓齿，面若桃花，提一篮衣服要洗。蒋士熊蹲下身子，竟看呆了，那女子大大方方回身指着一幢大房子说："客官口渴，何不到我家喝茶，猛喝生水伤身子呀！"蒋士熊心头一暖，言不由衷地推辞道："我是相命的，随便进人家的门，人家不一定高兴呀！"那女子听他说是相命的，竟掉下两行泪。蒋士熊问是否言语相伤，那女子竟埋头洗衣，再不回话。蒋士熊想探个究竟，纵身一跳，跨过渠道，径直往女子所指的大房子去了。

蒋士熊随手捡了一根竹子，在大房子门前比比画画。不一会，果然一个丫环扶了一位夫人出来，问："先生所为何意？"蒋士熊说："刚才与小姐搭言，害得小姐泪流满面，特地前来赔个不是。小姐怎会亲自洗衣，在下甚是纳闷。"丫环抢着说："阮家小姐耐不住清闲，不是挑花刺绣，便是亲自浆洗衣物，咱当下人的反成了小姐。"蒋士熊一听，心中平添几分仰慕，便借口讨茶喝，随夫人进屋。闲聊之后，才知道这是一家富户，员外姓魏，乃是明洪武帝追谥的"九龙三公"的后裔。

天赐良缘

蒋士熊辞别员外，在村口与一老汉攀谈，试探说："我看魏员外女儿相貌与众不同，定有奇异之处。"老汉惊讶说："你这先生莫非神仙下凡，免看八字就知道命运。这女子命中带奇，与她谈婚的男子，多者半年，少则三个月便暴病而亡。她今年24岁，再无人敢来谈婚姻啦！"蒋士熊心中会意，忙又返回魏员外家，对员外与夫人说他自有办法攘解魏小姐的命运。员外与夫人喜不自胜，忙尊为上宾，请教办法。蒋士熊沉吟再三，只好直言道："这办法简单，只要找一个命相相匹配的男子，夫妻将来定可大富大贵。"魏员外叹息说："方圆百里，再无人敢来攀亲呀！"蒋士熊说："君不闻仙都大地蒋士熊命运带奇吗？"魏员外说："谁知他敢不敢攀亲呀！"蒋士熊说："此人远在天边，近在眼前，本人便是。"魏员外与夫人见蒋士熊相貌奇伟，仪表堂堂，忙叫女儿魏颜娘出来相见，两人情投意合。蒋士熊与魏员外翁婿礼见过，又拜见岳母，居然相安无恙，真是如鱼得水，天赐良缘。

黑蛇孵谷

蒋士熊之妻魏颜娘，原是"九龙三公"的后裔。魏了翁、其子魏国佐及其孙魏天忠，抗击元兵，代帝饮鸩，报国殉节。明洪武帝追谥三世忠良为"九龙三公"时，曾赐一颗毫光四射的宝珠。这宝珠流传到魏员外手中，因他钟爱女儿，且感到女儿女婿命运奇特，天作之合，将来定能成就一番大事业，便将此宝珠作为女儿的陪嫁。蒋士熊娶妻携宝回家，其宅虽不起眼，但善良淳朴之人常常能在夜晚望见蒋士熊家中有一种类似晨曦的微光于夜空中流溢，不知就里的人便传说魏颜娘来历奇特，非世间凡人。

光阴似箭，转眼魏颜娘产期日近。这一天，蒋士熊要去田间劈岸，他算好儿子如果在今天某时出世，定非常人，便用火炭在屋前埕上画了一条线，告诉产婆及家人，如果生的是男婴，日影刚好在这线上，要马上到田里通知他。蒋士熊在劳作中，心中忐忑，暗自揣摩，不知命运之神能否特别垂青于他。天未正午，家人急急忙忙跑来对他说："男婴，日影正在线上！"话说得没头没脑，但蒋士熊早把劈岸刀扔掉，大叫："天助我，天助我！"这对在事业上承前启后的父子在特定的时刻相逢了。

魏颜娘坐满月子之后，一天清晨到河边洗衣，一条黑色小蛇从远处游来。她挥挥正洗的衣服，把它赶走，它又摇头摆尾而来。小蛇数次挥赶不去，引起魏颜娘的注意，细观之，小黑蛇身上竟有隐隐毫光，她暗自思忖："莫非这小东西与家中宝珠有因缘？"魏颜娘便把自己的忖度告诉夫君，蒋士熊一拍大腿，说："蛇乃灵物，古称小龙，俗语说'龙吐珠，龙抱珠'，咱不妨把宝珠放在它身边，看看如何。"谁知那蛇一见宝珠，如子见母，紧紧抱成一团，突然间那蛇变成一条巨蟒。蒋士熊心知有异，忙把大蟒与宝珠放置在腾出的空谷仓里。次日开仓观察，谷仓里满是黄澄澄的谷子。蒋士熊喜不自禁，赶紧搬来另一个谷仓，紧靠其旁。黑蟒如通人性，紧抱宝珠，挪进空仓蜷卧如常。从此，蒋士熊每日有一谷仓约三十担谷子出售，日日如此，数量巨大，遂富甲一方。

◎ 凌云楼的传说 ◎ 钟武艺

拾银造楼

土楼建筑的工程之浩大，营建之费力，没有足够的财力是无法造就的，所以传说中的土楼主人，常是大富人家。华安县沙建镇岱山村有座清康熙年间的方楼叫"凌云楼"，它的建造者郭振，原本是个穷得叮当响的读书人，相传就是因为捡到巨额银元，才建了这座楼。

郭振是上莲花房的八世祖，堂上唯有一位年过花甲的老母。他深知母亲年轻守寡，含辛茹苦带大他不容易，因此对母亲极为孝敬，每天晚上都要亲自为母亲洗脚，日复一日，从不间断。

郭振家中一贫如洗，他白天下地种田，上山烧炭，赚几个小钱维持生计，晚上就在家挑灯攻读，每每用功至深夜。他一心求取功名，也好为母亲尽孝，但时运不济，考了两三次秀才也没考中。

这一年，龙溪县府又张榜考试。母亲给儿子准备了干粮和行李，又摸出两块银元给郭振带上。郭振到了漳州，从考场出来，已是第三日午后。他心里惦念着母亲，匆匆收拾行李要赶回60里外的家里。到了距家10里远的登坪，圆月西悬，郭振加快了脚步，不料却被两匹马堵住去路。他细细一看，一匹浑身雪白，一匹黄头白身，在月下闪闪发光。郭振纳闷：这里荒山野地，谁的马跑出来乱窜呢？不管它，还是赶路要紧！正欲迈脚，两匹马却一左一右拦住他。郭振不由心焦起来，问道："马儿啊马儿，我无害你之意，只求能快点回家见老母，你若知我心，快快让路才是理。"那马儿竟似懂人意，摇摇尾巴就让开了，但还是不紧不慢地跟在郭振身后。走了一段，郭振见马儿仍不肯离去，返身问道："马儿啊马儿，我无害你之意，莫非你却想害我吗？"两匹马停步，一齐摇了摇头。郭振更为不解，沉思片刻再问："既不害我，莫非成我？"两匹马又一齐点了三下头。"既是成我，请前头带路！"郭振说着取下行李套在白马脖颈上。说来也怪，这时黄马倏忽不见了。白马连跃几步，慢慢走在前头，拐过一弯，也不见了踪影。郭振四下寻找，发现行李挂在一丛野蕨上，伸手去取，不想野蕨连根带土被拔了起来，露出一口大坑。月光下，坑里闪着一片白光。郭振以为花了眼，拭目再看，却是满坑的白银！这时郭振才明白，这些银元是老天爷赐给他的啊！郭振心里不由一阵狂喜。但这银元是真是假，还得回家问明母亲，于是他夹了两块放进袋中，又重新扒土拔草，掩盖好坑口，这才起身赶路。

回到家中已近三更，郭振进门便跪，向母亲请安。母亲见儿子回来，万分欣慰，正欲扶起郭振，忽听"叮当"两声，两块白花花的银元掉在她面前，急问这银元哪儿来的。郭振便将晚上所遇奇事说了一遍，母亲高兴得掉下眼泪说："儿啊，那是你的造化，那匹白马，是天赐给你的财宝啊！还有另一匹黄头马，是更值钱的黄金。但做人千万不可太贪心，你有这么大的福气，应该很满足了！"母亲捡起银元在口中一咬，甘甜生津，果然是真银，母子俩于是烧香拜谢天地。

郭振孝感天地得了钱财，但却对着那满满一窖白银发了愁。那么多的银元怎么搬回去呢？雇人来挑，势必惹出不少麻烦，俗话说"树大招风"，让外人知道，必然节外生枝。为掩人耳目，他想了一个好办法，就在藏宝之地开荒，种起番薯和烟叶来。每天早上他挑着粪去下肥，晚上又挑着两桶重重的东西回来。人们都笑他舍近求远，跑到那么远的地带去垦种。可谁知道，盖了烟叶的桶里尽是白花花的银子！

就这样，郭振每天一趟，足足挑了609担才把那一窖白银挑完。到最后一担，偏巧天下起瓢泼大雨，把郭振浇得浑身发抖。他好不容易爬到岭上，见下坡路滑，再难以负重行走，遂想："反正也不差这一担，明天早早来挑也不迟。"他把那两桶银子放在大路旁，径自回家去了。不想郭振贪睡，第二天起床，已是日上三竿，他心中暗暗叫苦，那银子定被人挑走无疑，于是急急赶上山去。半路上，几个下山的人冲着他大嚷："振啊，你怎么把两桶大粪放在大岭上，臭气冲天，叫我们怎么歇脚，还不去挑走！"郭振赶到那里，眼中哪是臭烘烘的大粪，两桶银元一个未少！他心想："看来路人无福分可得，那银子还得归我啊！"后来，郭振用这些银子置办了大片的田地，先后建造了一座祖祠、一座五间大厝和这座"凌云楼"。"凌云楼"高三层，墙基是磨得发亮的青石，上边用清一色大方砖砌成。外墙周长五六百米，从用料和规模上都要胜过同族下莲花房所建的"齐云楼"。清同治年间，凌云楼遭清军破坏，现仅存两层。

兄弟相告

郭振有福造楼，却无福享受。他因造楼操劳，积劳成疾，眼看"凌云楼"不日即可完工，他却染病身亡。方方正正的楼建成了，他捡的银元还剩下许多。如何分这些财产，郭振的两个孙子郭魁、郭使由此闹起了矛盾。本来兄弟俩各得一半，算是天公地道。偏偏大哥郭魁自认掌大，要独得全部财产。小弟郭使为人较为耿直，据理力争，越闹越大，亲兄弟翻脸变成对头冤家，最后竟相互扯着去见官。郭魁暗地里塞些银子给龙溪县令，郭使也许诺，若大老爷能公正判断，事后给更多的银子。双方都有好处，龙溪正堂也难于摆平，遂以案情迷乱无绪为由，推给泉州府堂。

两人准备了足够的银子，到泉州一论高低。见了府台，各自呈上状纸，塞上银子，找了客栈等待开堂。真是无巧不成书，两人竟住在同一间客栈。冤家路窄，兄弟俩又吵了起来，一时争得脸红耳赤，脖筋突出，多亏店家从中调和，两人才悻悻回房。郭使觉得心中烦闷，来到洛阳桥头散步。忽然，他发现桥下有两物正在剧烈撕咬。一只特大的鳖咬住一条毒蛇，毒蛇也不甘示弱，死死咬住鳖的甲裙不放。两物僵持甚久，最后，被一个渔人看见，驱走毒蛇，抓住鳖走了。此情此景，不由触动了郭使的伤痛，同胞兄弟本是一母所生，如今却拼得你死我活，无异于鳖蛇相斗，最后还不是落个渔人得利！他快快地转到市场，却发现大哥郭魁也来到这里。郭魁看到一个渔人提了一只特大的鳖，就买了下来。郭使瞧得渔人好生面熟，再仔细一看，那鳖的甲裙上有一道红红的齿印，正是毒蛇咬伤之处。小弟暗暗一惊：这鳖有毒！大哥吃了这鳖，必会中毒身亡的。想来想去，他决定把这事告知大哥，毕竟两人是同胞骨肉啊！

回到店中，他支使店家去向大哥说明。郭魁听后大怒道："刚才他还跟我争得鱼死网破，怎么这时换了菩萨心肠，分明是怨我有钱！你去告诉他，我偏偏吃了死给他看！"郭使知后，又央求店家再去说，这回郭魁把店家骂了个狗血淋头。"我吃不吃鳖，与你有何相干！你这店家也太不识相了！"店家受了气，郭使无论怎么求他，他再也不肯去了。

踌躇再三，郭使决定亲自去。郭使走进大哥房间，郭魁正要杀鳖。郭使"扑通"跪倒，说道："大哥，使不得啊，这鳖与蛇相斗，各自伤残，是小弟亲眼所见，甲裙上仍有毒蛇齿印。小弟实不忍大哥误食身亡，所以才三番两次央求店家告知，如若大哥执意不听，小弟就跪死在大哥面前。大哥千万三思啊！"说完声泪俱下。

郭魁见小弟动了真情，也暗自困惑，将信将疑割了块鳖肉丢给一只狗吃。不多时，那狗倒地抽搐不止，顷刻死去。郭魁这才知道错怪了小弟，他良知顿苏，想到自己以前贪心吞财，才造成兄弟水火不容，常言说得好，"打虎捉贼也得亲兄弟"，若不是小弟真心搭救，他今天就没性命了，于是抱住郭使痛哭。

这一场兄弟官司至此以和解告终，大哥郭魁自觉对不起兄弟，把财产尽与郭使，自己一人渡海到台湾谋生去了。数百年后，他的子孙在台湾繁衍成巨族。今天，"凌云楼"住的就是郭使的后裔。

◎ 蔡巡按与雨伞楼 ◎ 林 涛

民间平头百姓有一种说法："有万世山，无万世官。"而高车地区流传着蔡巡按的遗训："有万世童家人，无万世蔡大人。"这些都是说当官或有权势的不可以欺压乡邻。

传说七百多年前，洋竹径村蔡家和高车的童家两姓经常发生社斗。洋竹径山高林茂，风清水净，蔡氏早在这块宝地上开荒垦殖，种杉插竹，生活得十分和美。不久南宋败亡，香汗女的兄弟逃到高车一带客居，为了隐姓埋名，将"董"字拔掉"草头"留下"童"字，这就是"去草留童"的故事。

那童家在高车地区住下后努力耕作，他们是见过世面的，懂得一边生产，一边请塾师训蒙童，开武馆练武功。几十年后童家人多势众，还出了不少文武人才，侵地盗木，与蔡家不断发生冲突。这蔡家，人少体弱，打不赢，告不走，只好气在肚里，恨在心中，忍气吞声地过日子。一年春天，漳州府来了一个姓蔡的巡按大人，这下洋竹径蔡家人可欢喜了，心想：我本家出了官，不刘你童家十颗八颗人头才不了事哪，而且被夺的田地山舍也要讨回。于是，他们便公推了八个父老族长，悄悄从小路拐到漳州府告状。那蔡巡按就在府衙理事，一日锣鼓响过，放告开始。洋竹径八个姓蔡的老翁，就把状子交给军门传入。这蔡巡按进士出身，四川人，看过状子，暗忖：童姓几人确也有罪，但罪不至于诛杀，乡仇宜解不宜结，我蔡某一世清名，这次巡察漳州务必尽平生才学，办好几件难解的官司才是。于是他退入后堂，请蔡氏八老恳谈，蔡巡按历举先朝许多邻里乡亲退让求和，两族俱兴的案例，苦口婆心地劝导那受气的同姓人："我蔡某到漳州府巡察是暂时的，童家做你们的邻居是万世的。今天，因为偏向你们而重办他们，我走后他们又寻衅生事，冤冤相报，永无尽头。天下人都是帝

王的子民，天下地都是朝廷的土地，要互让互爱。如果本官叫童家今后不再侵犯，你们也不计前仇，两姓结盟和好，各自安居乐业，兴学练武，不亦乐乎！"蔡氏族人回想起前几次官司打赢也没什么用的事实，便答应依蔡大人明断。蔡巡按发出火签，传讯高车童家人。童家族人听说蔡巡按大人到了漳州府，又听说洋竹径蔡家族人连夜入城鸣冤，那些长辈坐立不安，马上召集各家各户到祖庙议事。经过检讨，童家族人认为童家确有几个少年不读书，不练武，不务农事，专找蔡氏寻衅生事，应该严办，于是童姓长者亲自到蔡家赔罪。

蔡大人闻知童姓主动认错和解，十分欢喜，只过一堂即已明决，其判词如下："今重教化，罪判从轻。兹始而后，蔡氏不计前仇，童氏莫再侵欺……"判词一出，双方皆服。蔡家要兴学练武，童家就派知书识礼、武功熟练的青年和工匠一起去洋竹径兴学设馆。蔡童两姓十分敬佩蔡巡按，就模仿蔡大人出行的凉伞，在山上建了一座凉伞一样的圆楼，以兹纪念，传于万世。

蔡氏在此驻留数百年，后来又来了姓杨的，300年前又由郭姓居住直至今天。但是不管什么姓在这里住，"有万世童家人，无万世蔡大人"都代代相传，成为和睦相处的格言。

◎ 金小姐建大学楼 ◎ 陈进昌

银塘大学仔的大楼是赵氏皇族后裔西凉公和西凉妈所建。西凉妈娘家在金沙吉洋，她父亲林员外共养了三个女儿。女儿长大后，林员外问大女儿："将来靠谁？"大女儿答："靠母亲！"问二女儿，答："靠父亲！"林员外很高兴，两个女儿出嫁时陪嫁了许多田园和金银，让她俩一辈子享用不完。他问三女儿，答："靠自己！"林员外很生气，暗想：好，你要靠自己，我就叫你靠自己看看！有一次，林员外外出经过银塘，看见一个衣衫褴褛、长发如鸟窝的青年蹲在江边钓鱼，便上前问道："你姓甚名谁？家中几口人？可曾婚配？"青年答道："我姓赵名西凉，不曾娶亲。"林员外说："那好你在家等着，我将三女儿送与你为妻！"赵西凉大吃一惊，说："我家除老母一个，再无财产，破厝一间，日出米筛花，雨落叮咚鼓，如何娶妻？"林员外说："我三女儿很贤惠，她说要靠自己，正好替你持家，后天是吉日，我请大轿将她送来就是。"

林员外三女儿因为后来与金子的一段奇遇，方圆百里皆称他"金小姐"。金小姐为人聪明贤惠，性格倔强，知是父亲故意作弄，咬咬牙认了这婚姻。

翌年，逢林员外做寿，大女婿和二女婿皆送金银珠宝贺寿，员外让他们高坐厅堂欢宴。赵西凉夫妇只送一筐石螺为贺礼，员外不悦，赶他夫妻到灶脚吃饭。金小姐受不了父母如此冷落，饭也不吃，拖着丈夫连夜赶回家。到家后，金小姐问丈夫："你祖宗有没有留下山地？"赵西凉说："有呀，过溪陈宅岭顶，牛踏坪就是咱祖宗留下的，早荒废了。"金小姐说："咱该立志创业，你今后不要再钓鱼钓水鸡了，去把那块荒地开出来耕作。"

次日，赵西凉扔掉钓竿，扛起锄头来到牛踏坪。祖宗留下的荒田早已乱草缠绕，荆棘丛生，园头有一丛棘，头大如米篓，棘丛上有一个虎头蜂巢，大如簸箕。虎头蜂凶恶异常，人不敢近前，西凉一来，虎头蜂立即迁飞他处。西凉想，这大棘丛应该烧掉，以免虎头蜂再来，便放一把火将大棘丛烧光。

据传，古时候有一个将军在牛踏坪隐居，逢边疆战事突发，朝廷征召将军，将军把一生所得的乌金埋于地下，拟待战火熄灭后再回来享用，谁知一去不复返。当时西凉并不知道这些，他挖大棘头时掘到几块黑乎乎的砖头，一掂好沉，当晚带了一块回家垫门前台阶。金小姐仔细辨认，知是乌金砖，故意轻描淡写地随意说："那边还有这砖吗？"西凉说："还有不少。"金小姐说："你以后回家顺手带一块回来，我要垫桌脚做瓮盖。"金小姐找了许多借口让丈夫把乌金砖一块块带回家，直到有一天，西凉说："砖没有了。"金小姐说："整块没有，半块有没有？"西凉说："半块有什么用？"金小姐说："咱的带路鸡生蛋了，将来孵出小鸡，好砌个鸡窝呀！"西凉听妻子的话，每晚仍一块两块地把断砖带回家。有一天，西凉说："半块的没有了。"金小姐说："碎块有吗，都捡回来。"西凉说："碎块有什么用？"金小姐说："可以塞壁空啊。"西凉只好把碎砖块都捡回来。金小姐问："再没有了吗？"西凉说："再没有了。"金小姐说："没有了就别再去了。"西凉愣了，说："我把荒地开好，刚要种做，怎么不要了呢？"金小姐包了一包碎砖块，叫丈夫次日到漳州城去当。西凉大笑说："人家城内人也要塞壁空吗？"金小姐这才告诉他："这是乌金。"西凉埋怨她："哎呀，你怎不早说？白白出力开了那么多荒地。"金小姐说："出力是应该的，改改你的懒骨头，再说早告诉你，你必然贪心搬挑，早就累死了。"金小姐又嘱咐丈夫："你进城后每一间当铺都去走走，不要一下走进去，等到有人叫你才进去。"西凉说："何必这样费事？"金小姐说："你破衫破裤，店主愿招呼你，说明店主是个有良心的人，才不会讹你甚至害你的性命。"西凉连连称是，背了包袱进城，在几间当铺门口溜达，果然有一位须发皆白的老店主招呼他。金小姐料事如神，老店主果然十分善良公平。西凉换了一大袋银子欢欢喜喜回家了。

　　金小姐一次又一次让丈夫背点乌金去换回白银，悄悄积累了几十担银子，便与丈夫筹划建楼。

　　金小姐如此这般教丈夫穿上破衣，在怀里塞满银子到江边买杉木。西凉来到江边，见有杉排漂来，便大呼小叫让其靠岸，放排人嘲笑说："你想上排钓水鸡吗？"西凉说："若是我高兴，将排买下也不一定。"放排人大笑不止，"这一排杉木你若买得起，只算你半价，若买不起，你上排给阮做三个月无钱工！"西凉说："一言为定，只管靠岸！"杉排靠岸后，西凉将腰间草绳一解，"哗啦"一声，白银满地。放排人目瞪口呆，但一言既出，驷马难追，只好忍痛将杉排半价卖与西凉。如此数次，西凉买了大批便宜的大杉木。

金小姐又让丈夫到娘家量厝，西凉扛了一根竹篙五更起身，到岳父家天尚未亮。他操起竹篙前丈后量，故意弄出声响把岳父吵醒。员外出门一看，是穷女婿在那里发痴劲，回头对夫人说："咱那憨女婿在厝后忐忑，你快叫他去灶脚吃饭！"西凉却说："吃饭小事，量厝要紧！"员外冷笑："量厝做甚？"西凉说："你这厝还是太小气，我要建一座比你大的楼！"员外哈哈大笑道："你若能建大楼，我用金丝给你当石套！"西凉说："不必用金丝，用黄麻你就出不起！""好，你若建大楼，我给你出黄麻石套索！"赵西凉大楼动工之时，林员外果然不食言，派人送来几十担黄麻绳。金小姐交代工人："石套索生毛便要扔掉，以免索断伤人！"

大楼历时三年才完工，石料大都从江东、西山买来，用三只大船并排绞住运送，上船起水，搬运数次，用了无数麻绳，林员外为此耗了大量家资。不巧这期间开在厦门的一间商行遭火灾，一条运货大船遇台风沉没，林员外这时已是家贫如洗。林员外到金小姐家想借几斗谷度饥荒，金小姐说："你老人家能挑几斗？即使给你再多外面也不知道，你回家将所有亲同喊来，能挑多少由他们挑。林员外赌气一下派五六十人来挑谷。金小姐早有筹划，中午拖到过午才用豆渣炒肉给众人吃，大家饿得眼冒金星，狼吞虎咽。稍顷，金小姐又办出肉面，众人要吃吧肚子已饱，不吃又实在馋得很，不免又吃了一回。金小姐继而又抬出几大桶鸡汤，让大家放开肚皮吃个够。鸡汤落肚，豆渣肉面膨胀，挑谷的人一个个捂着肚子不堪重负，开仓挑谷时每人只能挑三五斗而已。

金小姐将场面铺得这样大，却被挑去不多的一点谷子。事后，林员外对三女儿的聪明才智赞叹不已，叹道："难怪当初她敢说靠自己。"金小姐听了这话，知道父亲已有悔意，便将父亲送来的黄麻折钱如数奉还，表示她只是争口气而已。

◎ 贡鸭山的传说 ◎ 李美法

贡神架观音显圣

　　贡鸭山屹立于马坑乡草仔山村背后，峰峦隽秀，奇石荟萃。有苍苍古树曲身而成的"山门"，有"观音莲花座"，有善良的农家夫妇化成的"夫妻树"，还有草霸王石坂跛造反的"点将台"、"刀峰石"和观音显圣镇邪的"仙人洞"，以及被草霸王役使的百兽化成的石兽群。游人若登其山临其境，如入迷宫，目不暇接，叹为观止，无不为大自然的鬼斧神工所折服。这些蕴涵诗情画意的景点，是由一个古代神话传说衍化而来的。

　　古时候，贡鸭山和周围山山岭岭共有24个村庄，人丁兴旺，一片欣欣向荣的景象，不想却出了个心怀异志、野心勃勃的草霸王石坂跛，此人生得方脸大耳，声如响雷，浑身乌黑如漆，性情暴戾，凶如虎豹。

　　石坂跛小时即拜鸡公山鸡公洞黄脸道人为师。鸡公洞，洞口仅容一人出入，入洞后却洞中有洞，洞洞相连，深不可测。据说黄脸道人原系鸡公精，为杨文广平闽时所收服，但野性未改，喜好邪法怪术。他传授石坂跛呼风唤雨、驱鬼弄妖之术。石坂跛学成之后，目空一切，野心日大，妄想横行天下。

　　某日，石坂跛在酒店碰到一个赣州仙，一见倾心，三杯酒后，成了莫逆之交。赣州仙从他的言谈举止中，窥知他有异志，指点他说："欲成大器，需有根基。"赣州仙帮他在贡鸭山的"顶格上、下格边、中间座荷莲"的地方找到一个山势、流水与莲花座"三同向"的活穴，建议石坂跛将父亲的骨骸移葬于此。赣州仙替他选了吉日良辰，又对他说："得活穴需要这个时刻，但此时刻必有狂风暴雨，下葬之时最好不能有风

雨，这就难办了。"石坂跋哈哈大笑说："这有何难，待我略施小技便了。"消息一传开，周围村民都想看看石坂跋如何作法，那一天满山都是围观的人群。下葬时刻一到，果然乌云密布，狂风大作，暴雨倾盆，围观的人都淋得抱头掩耳，成了落汤鸡。只见石坂跋念念有词，背着他父亲的"金斗"（装先人骨殖的陶瓮），一步一步走向活穴，周围数丈，滴雨不进，这个无雨怪圈随着石坂跋的脚步移动，围观的人无不咂舌称奇。

这时候，有个善良的农夫出来劝石坂跋说："这莲花座上虽然没有观音菩萨，但我听先父说，每当月明风清之际，莲花座上常有观音菩萨显现，你不能将金斗埋在此地，玷污圣境。"石坂跋顿时火冒三丈，将农夫一推数丈，根本不予理睬，用手一指，莲花座周围的岩壁"轰隆隆"裂开了一条缝隙。石坂跋趁势将金斗塞进石缝，霎那间那条石缝又复合无痕。有几个势利小无赖一边抹着雨水，一边转着小舌头恭维石坂跋法术高强，石坂跋哈哈大笑说："这算什么，你们想看什么或者想听什么尽管说！"一个小无赖说："你若能让这雨即刻停止，让对面鸡公山的石鸡公啼叫，我们就服了。"石坂跋说"这有何难"，随即手舞足蹈，念念有词，不一会儿，果然雨止云散，满地阳光，对面鸡公山隐隐传来公鸡啼鸣声。几个小无赖佩服得五体投地，当即拜石坂跋为师。石坂跋早就想网罗喽啰，便以这几个徒弟为爪牙，在贡鸭山点将台竖旗设坛，广收门徒，舞刀弄棍，操练人马。

石坂跋想做皇帝想得入迷，急不可待，想得日不思食，夜不安枕。手下没几个喽啰便自以为十分了得，想在点将台竖旗造反。还是他手下的小喽啰明智，献计说："咱若竖旗造反，一旦朝廷知道，必来围剿，而咱们兵寡将微，如何抵挡？师傅何不

刀峰石

154

上鸡公山向师祖求援。"石坂跋恍然大悟，随即上鸡公山找黄脸道人讨教。黄脸道人送他一张弓和一支箭，还有一个精美的陶罐子，让他在今夜鸡鸣三遍时开弓射箭并摔破陶罐子，便可成就大事。石坂跋回来，即在点将台上竖旗造反，因需要杀人祭旗，他忽然想起那个阻拦他得活穴宝地的农夫，便命喽啰将夫妇两人捉来。斩首取血时，这夫妇颈上却滴血不出，石坂跋怪刀不利，令人持刀到"刀锋石"上磨刃，仍然如

夫妻树

此。石坂跋又令人将尸体扛到坑沟灌水，谁知水一淋，两具尸体忽地没入泥中，后又长成两棵相拥相抱的怪树，后人称为这树为"夫妻树"。这两棵夫妻树如今长得枝繁叶茂。历代传说，这是观音菩萨作法，将这善良的夫妇度上仙界，以两棵树代之，向草霸王以示警告。但石坂跋毫不悔悟，仍一意孤行。当夜刚交子时，他就急不可耐，交代母亲待鸡啼三遍，便将陶罐摔碎，撒豆成兵。他自己则去鸡窝旁拨弄公鸡，促其早啼。在他拨弄下，公鸡果然提前打鸣，两遍鸡叫声刚落，他便"叭"的一声将魔箭朝京城射去。此时，皇帝刚刚起床，正在洗脸，金殿上只有宰相先到，忽然"轰隆"一声巨响，金殿塌下一角，一支巨大的怪箭正插在皇帝宝座的靠背上。宰相大吃一惊，知有人谋逆，急令各地搜查围剿。

再说石坂跋的母亲也在鸡鸣两遍时起床，正要梳头，第三遍鸡叫声又起，她急忙抱起陶罐要摔，可是一看陶罐上精美的花纹，又舍不得摔，伸手一摸，罐里滑溜溜的，尽是豆子，独自念叨："为什么要摔破它呢，把豆子倒出来不就行了吗?"可是奇怪得很，明明是豆子，却倒不出来，用力摇晃，才蹦出几粒，还没落地就不见了。这位妇人也不细想缘由，抱着罐子拼命摇呀晃呀，倒了一顿饭工夫才将豆子倒完，地上却又不见半粒豆子。她哪里知道，由于儿子使法，这些豆子一出罐口，使自动飞往点将台下集合。由于老妇人使劲摇晃罐子，这些妖兵在罐里互相碰撞，蹦出罐口又左碰右撞，所以点将台下集合的数万妖兵个个断臂残腿，如何上得战阵。石坂跋并不知情，此时正在作法将满山石头化为百兽群，

寻找故事传说

准备驱赶它们冲锋陷阵。正赶着，迎面碰上一个妙龄女子，石坂跋一看，顿时傻了双眼，心想：明天我就要做皇帝，将这绝妙女子收来做皇后岂不更妙。他上前没话找话说："你看我的本事大不大，这满山的百兽都听我的号令！"妙龄女子嫣然一笑道："哪有什么百兽，满山都是石头啊！"石坂跋扭头一看说，坏了，百兽群都僵卧原地，再不能动弹，任他再怎么作法都无济于事。其实，这女子正是观音菩萨现身，只是石坂跋仍不醒悟，天刚亮，便带着数万断臂残腿的妖兵杀向漳州府城，刚到半路，便被朝廷官兵团团围住，几个时辰就被剿得一个不剩。石坂跋只身逃回贡鸭山，那些被他役使过的百兽石一见他便又活了起来，聚集成群，昂首怒吼，张牙舞爪向他进攻，弄得他无处藏身，最后只好钻进月亮洞不敢出来。官兵搜山数日，都不见石坂跋的踪迹。一日早晨，搜山兵士见一妙龄女子提着饭篮，袅袅娜娜往山上而来，便潜伏路旁，待女子过去，又尾随跟踪，只见女子来到月亮洞口，将饭篮一放，倏忽不见。石坂跋在洞里饿了数日，一闻洞口飘来饭菜香味，口水直淌，按捺不住爬到洞口。自然，他一出洞口，便被官兵所获。官兵得此大功，知道观音显圣，纷纷望空拜谢。后来，石坂跋被押到京城，处以极刑。

草霸王石坂跋造反的故事渐渐被人们遗忘。但是，贡鸭山上的诸多景点历经岁月磨砺，却闪耀出更加动人的光彩！

火烧麒麟峰

贡鸭山的东侧是贡神峰，西侧是麒麟峰，贡神架连接两山峰并作为中点。相传麒麟峰有著名的"三狮"、"六虎"和"一麒麟"三个风水宝地。当地老人说，"六虎"不如"三狮"，而"六虎"、"三狮"不如"一麒麟"。谁若得了麒麟活穴，父、子、孙三代皆状元，因此方圆百里的财主绅士，竞相聘请风水术士到麒麟峰踏勘，却都一无所获。

高安有一个道士，俗称师公，这一日到草仔山做完法事，约一村民带他上麒麟峰。峰顶上怪石林立，令他瞠目结舌，忽然间，他发现一块石头在动，便前后左右转了一圈，细细察看，原来是"麒麟"在向他微微点头。这师公发现了麒麟宝穴，欣喜若狂，忙奔回家中，手舞足蹈，愈想愈喜，按捺不住，便偷偷告诉妻子，并说："虽然找到宝地，但不知何时埋葬金斗方能真正得到灵气。你在家中做好准备，我明日到漳州府找高士指点，回来马上动手，以免被外人所得。"妻子点头应允。

再说这师公有个女儿嫁在际头村，已经身怀六甲。这天正好回娘家，在屏风后听了父亲的话，吃惊不小。她早就听说得到麒麟宝地会出三代状元，当晚彻夜难眠，觉得让弟弟中状元不如自己的儿子中状元来得荣耀。第二天她父亲刚走，她便也推说有急事，匆匆赶回家，让

观音莲花座

丈夫将公公的金斗背了，两人来到麒麟峰，按她父亲说的标志找到宝地。只挖了几锄，下边便出现一个洞穴，刚好容得一个金斗，夫妻俩偷偷埋好金斗，悄悄回家，喜不自禁。

　　师公在漳州找好吉日良时，就一步不停地赶回家，背了金斗上麒麟峰，一看愣住了，宝地被人先得了。他一怒之下，想将那金斗抱出扔掉，谁知金斗愈动，两边石块却夹得愈紧，不一会竟然夹得严严实实，丝毫不露。师公这口怨气难以咽下，左思右想，这个秘密只告诉过妻子，谁能捷足先登呢？他忽然想起嫁到际头的女儿那晚刚好回家，莫不是这小贱人偷听了秘密？他跑去际头找女儿一问，女儿也坦率承认，恳求父亲宽恕。可是师公愈想愈气，匆匆回家，怒气难消，决意要败这宝地。妻子知道后，劝他说："女儿也是咱的，她得了跟咱得了差不多，反正肥水没流外人田。"师公怒冲冲地说："女婿外姓人，怎说肥水没流外人田！"师公一意孤行，准备在麒麟峰作法，调天上五雷将麒麟穴轰开。次日，师公带着两个徒弟登上麒麟峰设坛作法。到了第七日，五雷齐至，电光闪闪，"轰隆"一声将麒麟穴劈开，师公也被劈死于地。

寻找故事传说

◎ 聪慧过人的贤会娘 ◎ 钟武艺

一

贤会娘自幼乖巧好学，聪慧过人，长大后更是勤劳贤惠，服侍双亲，料理家事，一切都做得井井有条，大家都跷起大拇指夸她是人间少有的好姑娘。

有一天贤会娘在河边洗衣，路上来了三个媳妇，叽叽喳喳说个没完。贤会娘问道："三位大嫂哪里去呀？"三个媳妇一起说："回娘家做客呢！"其中一个人认得她是西村的贤会娘，高兴地拉住贤会娘的手，说："好妹妹，帮我们解解结吧，我们妯娌三个都快愁死了。"她心直口快，一下子把缘由说了出来。原来，这三个大嫂都是东村老九公的媳妇。老九公一家人多心不齐，四个儿子娶了三个，加上团子一大堆，你要往东，他要往西，你要喝甜，他要吃咸。老九公年纪一大把，管不了四个又高又大的儿子，也做不了媳妇们的主，想来想去，就思忖着把一个偌大的家交给一个媳妇掌管。媳妇三个选谁好？哪个聪明哪个当家。老九公出了个主意，要媳妇们回娘家拿东西。大媳妇拿"竹包风"，二媳妇拿"纸包火"，三媳妇拿"没肉没筋没骨没皮"的食物。三个媳妇齐出门，一人去三五日，一人去七八日，一人去一半月，时间一到同回家，切不能耽搁一天。

这下难倒了三个媳妇，不知公公葫芦里卖的是什么药，只得遵言称是。三个人出了门，不知道该如何是好，你一言我一语，猜来猜去，也没猜出个子丑寅卯来。贤会娘听罢微微一笑，不慌不忙解了谜："三位大嫂听我慢慢讲来，大嫂拿得是吹火筒，二嫂拿的是红灯笼，三嫂拿的猪脑就是没肉没筋没骨又没皮。三乘五，一十五；七加八，是十五；一月三十日，折半刚好十五日。今天初一同出门，十五三人齐回家！"三个媳妇听了恍然大悟道："原来如此！"她们一齐谢过贤会娘，欢天喜地走了。

半月后，三个媳妇按时一齐回来，老九公掐指算算，刚好十五天。

三个媳妇各自拿出公公要的东西，老九公仔细看看，一样也不差。老九公心里犯了疑，三个媳妇怎么脑袋瓜都开了窍？追问起来，三媳妇把贤会娘如何帮助她们的事说了，老九公暗暗称奇，有意要把如此聪明的女子娶来，与第四个儿子成亲。几经托人说媒，才遂了老九公的心愿。贤会娘嫁到老九公家，小两口过得恩爱和睦，和嫂嫂们也相处得很融洽。公公名字有个"九"，贤会娘从来不在他面前提个"九"字；老九公为家里操心谋虑，她从旁提醒个一言半语，主意都很好。老九公打心底儿喜欢她。三个嫂嫂见贤会娘待人和气，敬重公公，真心佩服她，都推贤会娘来当这个家。贤会娘当了家，从来不拿大，管得很公平，还把家里事、地里事安排个妥妥当当的。个个有分工，四兄弟专务地里活，四妯娌在家里做饭养畜、纺纱织布，公公专管幼小的团子。慢慢地，生活变了样，一家人过得很如意。人人见了，都夸贤会娘，教训起女儿媳妇来，都说："看看人家贤会娘！"

你夸贤会娘，我夸贤会娘，传来传去，传到百里之外的几个人耳中。这几人偏偏不信天下有如此奇女子，决定去难一难贤会娘。就在九月初九这天，他们约齐九个人，拿了九九八十一钱，到老九公家说要买九只狗崽（闽南语中"狗"与"九"读音相同）。贤会娘在门口接待了这九个人，知道来意后，笑着把他们迎进屋，说："各位好兄弟，前屋稍等片刻。这事全凭公公拿主意，待我进去问问他！"九个人听了正中下怀，心里想：看你贤会娘如何避开这么多的"九"。贤会娘进了内屋，对老九公说："公公啊，有件事要请您拿主意。"老九公高兴地说："啥事你先说个清。"

贤会娘故意提高了声音，好让外头听得清。"前屋来了一群人，四人站门前，五个倚厅边，每人拿了三钱和六钱，要买咱家的红毛儿，一人买一只，缺一正是整数十，抱了红毛儿，回去过重阳节！"对答如流，又巧妙地避了讳，九个人听了无不心服口服，五体投地。从此，贤会娘的名声就传得更响了。

二

某乡社有一泼皮名叫无理，浪荡成性，最喜欢拈花惹草。一天他路过贤会娘家，看见贤会娘正在门口劈柴，周围无人，就想故意取闹，调戏贤会娘。

无理双脚踏在门槛上，油腔滑调地问道："都说你贤会娘聪明，你说说我现在要怎么走。"贤会娘头也不抬，说："不是人就是出。"

无理讨了个没趣，只好退出门外。贤会娘站起身来，一脚踩在门槛，一脚踏在门槛内，反问："那么我这样是进还是出？"无理一时无言以对，只好跟贤会娘话尾："你不是人，就是出。"不想贤会娘双脚一缩，站在门槛上，说："我就是不入也不出！"无理还不罢休，一计不成又生一计，眼珠子滴溜溜直在贤会娘胸脯上乱转，嘿嘿淫笑道："我看你贤会娘的两粒乳只有一两重。""差不多"，贤会娘似乎不在意无理的污辱，只是继续劈柴。无理自以为诡计得逞，扬扬得意。过了一会儿，贤会娘才笑着说："你的头壳不到半斤重。""卡加（不止、更多）！"无理一急叫了起来。话音未落，贤会娘操起柴刀，一手揪住无理的头发，大声说："那好啊，割下头来称称看！"无理双手护着头，脸色吓得惨白，头砍下来，怎能吃饭？他只好哀求道："饶命！贤会娘你饶了我一条小命吧！"贤会娘这才推开无理，正色严词警告他："下次胆敢再来，就砍了你的狗头！"无理如丧家之犬，夹起尾巴灰溜溜地逃走了。

◎ 木 人 泪 ◎ 陈进昌

相传，很久以前有一个寡妇，带一独团，十分贫苦。平时家中有肉，一两半两她都留给这独团吃，她自己吃的是隔顿饭，无油无盐菜。老母怕断了红根，宠惯独团，事事百依百顺。

这独团从小娇生惯养，游手好闲，好吃懒做，性情粗暴怪戾，一意孤行，长大后因其怪癖，所以人们便叫他"怪仔"。老母从小爱他惜他，怪仔成人后却很不孝顺，对老母爱骂就骂，爱打就打。邻人相劝，轻者遭怪仔一顿臭骂，讨个没趣，重者还拳脚见面。老母一日煮三顿饭给他吃，他嫌咸嫌淡，嫌没油，嫌歹料（难吃）。他到田里做息（干活），老母送饭早也被骂，迟也被骂。一天，怪仔到山里犁田，时已过午，老母还没送饭来。他站在田岸上直骂，还暗下毒心：等她来，一定教训教训她，叫她下次不敢。

这时，一群羊在田边吃草，忽然一只羊倒在草里哀哀直叫。怪仔跑过去看，羊四脚乱踢，哭叫得很惨。怪仔想，这羊敢是病了。怪仔一边犁一边听那只羊哀叫，心里很不安然。日快过头了，那羊不叫了。怪仔想，羊敢是死了？他过去一看，四周的草被踏倒一大片，草顶都是血和水，一只浑身湿透的羊团子蹲在羊母身边，羊母躺在血水里，目浑（眼泪）直滴，四脚又蹬又踢，浑身哆哆嗦嗦。怪仔看它太凄惨，转过脸不敢看，赶紧再去犁田。

过了一刻钟，他又忍不住跑去看，羊团子变三只，他这才明白，这羊母是在生羊团子。过了一会儿，羊主人友然伯来赶羊，看羊母生团了，怪仔站在一边看，骂怪仔心太硬，不去叫他来。怪仔说："我不知道它在生团，我想它敢是病了，敢会死呢！"友然伯是村里的老辈，人们都敬重他。他平时也劝过怪仔，就是听不进去，今天看怪仔因羊生团有所触动，就见缝插针说："你今日也知道生团不容易了？当初你老母生你时，比它还要惨，生了两日两夜才生出你来，哀哀叫，全社人听了都滴泪浑呢！"怪仔问："敢有影（真的吗）？"友然伯骂他："你老母生你这不孝团有什么用，一条命死无去，换你打和骂。你老爸早死，都是你老母千把米万把饭喂你大的。世间老母最大，母情最深，从今以后你莫打你老母了，天理不容，良心不容啊！"友然伯一席话说得怪仔心软目箍红，想起老母被他打的可怜相，这个心如铁石的人竟然也呜呜大哭起来。友然伯走后，他仍然蹲在田头流泪。

怪仔哭了一阵久，抬头看见他老母提饭篮过桥，走一步摇三摆，赶紧从山坡冲下要去扶老母。老母想，敢是饭送晚了儿子要再打她，赶紧将饭篮放在桥头，回头就跑，但是老人心惊胆战、手脚发抖，脚一闪落下溪了。

怪仔大叫一声，赶紧跳下溪去捞，捞了几点钟也没捞出老母的尸身，只捞到一个像人形的柴头。怪仔哭了几日，一闭眼就好像看到老母的惨容，心里很不平静，就叫木匠师傅将那柴头刻成他老母的样子，摆在厅头，日日拜饭。很奇怪，每次拜饭，那碗饭都被吃得光光。

从此，怪仔日日三顿拜饭，他若上山下田就叫他老婆拜，时间一久他老婆就心生怨恨，骂那柴人说："柴头柴大家（婆婆），会吃不会纺纱。"那柴人目中流出两滴目滓。从此拜完饭，都是整碗好好的，柴人不会吃饭了。

怪仔见柴人不会吃饭，就日日哭，夜夜喊，眼泪流了一大桶，不知他老母懂不懂。

◎ 芳山楼的故事 ◎ 叶顺清　方坤乾

　　至今保存完好，有3层40间的华安芳山楼里趣事多，出现了"一只母猪拱来一座楼"、"十七个考生十八名中举"等趣事。这是怎么一回事呢，故事还得从头说起。

一只母猪拱来一座楼

　　芳山楼位于华安县新圩镇华山村。该村是典型的盆地地貌，四周群山环绕，中间的平地上又点缀着几座小山包。气候四季温暖，土地肥沃，风景秀丽，山花照眼。三百多年前，这儿住着一户云岚公，他带着妻儿开荒垦田，家底一天天富足起来，田产近百亩，远到百里外的华丰镇。有了钱，他就想盖新房，却苦于找不到合适的地方。有一天夜里，仙妈庙里的仙妈托给他一个梦："若想显贵，房宅应建在蜈蚣山上；若想生财，则应建在大河旁。"醒来后云岚公想："富，自己已无必要；贵，正是自己所求。再者山上建圆楼既可登高望远，又能防盗抢。"于是，他请来工匠倾财在蜈蚣山上造大圆楼。

　　一天，云岚公的妻子正急着为工人煮饭时，家里的一头大母猪一直围着她转，不肯离开，不时地拱她的小腿。岚公妻生气地说："我正忙着呢，你怎么这样忙中作乱。"话没说完，只见从母猪的嘴里掉下两块银元。岚公妻看到银子大吃一惊，忙问："这银子哪儿来?"只见母猪转几

圈后，径直往山上走。她跟着绕啊绕，走了约三里地，在山坳里的一个坟堆上停下来。在坟堆旁边一个已被母猪拱开的小洞里，她隐约看到一堆闪闪发光的银子，一刨开，满满的一棺材银子。

当晚，仙妈又托梦给云岚公："此银子一半助你建圆楼，另一半助你培养子女，要认真培养，日后必有贵人相助。"经过祖孙二十多年的努力，芳山楼才于明朝万历二十九年（1601年）完工。

十七个考生十八名中举

陈天定祖籍漳州龙海，公元1625年中进士，官至太仆。东林狱兴，天定以黄石斋事株连入狱，获释后厌恶官场的陈天定携一片铜瓦、一尊木关帝像循大山南下。当他到华山村，看到这儿孩子挺聪慧，一时失意的他竟突发奇想，要在这儿办书院。书院就设在这芳山楼里，由于此楼建在山顶上，来回近一小时，避免了闲杂人员的干扰，极适合封闭式教学。当时村中有一贫困户，因孩子多，养不起，便送孩子来书院当书童。陈天定倾平生所学教育孩子。10年后，学生个个聪慧过人，书童也天天跟着伴读。赴考时，陈天定带着17名学生和书童一同上路。路上，学生畅论诗文，并不时与书童对诗。爱开玩笑的学生方进挑逗书童："你对诗对得不错，何不也报名参加考试？"挑行李的书童想，自己在书院里伴读10年，那些书自己也背得滚瓜烂熟，再者自己一生来省城也许只有一次，机会不可失，何不也去试它一试。想到这儿，到考场后他便偷偷地报了名，没想到也中举了。此举着实让陈天定吃惊不小。17个考生18名中举，此美谈流传至今。

重读茶烘诗文

　　华安，建县八十多年，是个年轻的县份，但是文化传统源远流长，文化沉积丰厚精彩。南宋绍兴年间登进士第的杨汝南出生于今丰山镇碧溪村，号称南宋北溪第一进士，与其孙杨承祖，均在外为官，并留下诗文。明代地理学家徐霞客曾两次游华安并写下日记。明末太仆陈天定寓居华安多年，于今新圩镇华山村授徒讲学，曾出过十八举人。黄道周门生洪思寓居今高安镇多年，其间著有《洪图六经》、《洪图六史》传世。……读这些诗文令人恍如置身于先贤左右，聆听他们的教诲，瞻仰他们的风采，诗思绵延，获益匪浅。

　　北溪源自远古，穿越时空，荡尘埃，凝雨露，哺育了辈出的英才。限于资料缺乏，今天所搜集的诗文挂一漏万，仅见一斑，希望读者于此纪念先贤，激励后俊。

◎ 夜宿龙头 ◎ （宋）杨汝南

江流如箭石如梯，
夜泊龙头烟霭迷。
两角孤云天一握，
晓光不觉玉绳低。

杨汝南，字彦侯，号快然居士，今华安县丰山镇碧溪村人。南宋绍兴十五年（1145年）进士，历任古田知县，赣州、广州教授，其文章称重于时。

重读茶烘诗文

◎ 归耕亭二首 ◎ （宋）杨承祖

乘兴登临弗杖藤，绝巅未已觉身轻。
新开竹径从风入，小坐松冈待月生。
江上数峰攒壁立，林间一阁碍云行。
凭栏朗诵昌黎句，水碧双增远自明。

又

丹青模写费毫端，此景居然两寺间。
半岭松阴观鹤憩，一泓雪影照人颜。
及时行乐恐无地，何事归休始买山。
多谢好风吹妙语，西湖处士棹舟还。

杨承祖，字庆裘，杨汝南之孙，以祖泽补官，初调邕之理曹，历循之推幕，改知安溪县，俱有善迹。历任新州、抚州知州。年五十以祠禄归，卜居保福、隆寿两山间，故匾名"福寿林塘"，并作亭于城北，稻田数亩，荷塘十里，匾曰"归耕"。

◎ 秋 吟 ◎ (明) 陈天定

山河留恨树留烟，不尽蝉声乱叶边。
好梦难成空夜夜，流光易掷惜年年。
层岩纵险无多地，落日虽低不离天。
汀畔寥花红似血，断肠莫认作啼鹃。

陈天定，字祝皇，原籍龙溪。明辛未殿试中式授官行人，累迁至太仆。东林狱兴，天定以黄石斋事株连入狱，获释后南下，寓良村南山宫两年，后隐华山，聚徒讲学，传授坟典，后曾有一科年，中举门生达十八人。

重读茶烘诗文

◎ 华山摩崖石刻诗 ◎ （明）方进

入夜不知暑至，
长年坐看花生。
雾作山留混沌，
仙来俗启文明。

方进，见清《龙溪县志》卷十六《人物·隐逸》，曰："方进，字渐侯，少游陈天定之门，于敬静之学，能得其宗。长补邑诸生，明社既屋，遂不就试，筑室花山终老焉。邑人陈江园常夏、洪石秋思咸造其庐，以诗歌相赠答。著有《风山集》，约暨李基益为序。"

◎ 归 田 自 述 ◎ （明）杨绍

碧溪溪上是吾家，解组归来两鬓华。

终老不愁无地着，清名常畏有人夸。

径存松菊任游赏，家利琴书若富奢。

今日始知闲逸好，市朝多少事如麻。

杨绍（1407—1490年），字文缵，一字迪元，号直庵，今丰山碧溪人。明英宗正统九年（1444年）以《易经》领乡荐，正统十三年（1448年）登进士第，授户部广东清吏司主事，考德进阶承德郎，奉命总督德州等处粮赋，升奉议大夫本部郎中，致仕。

◎ 寿迟斋诗 ◎ （明）郑 复

碧溪有仙迹，仙源一何深。

迟翁山中人，仙子相追寻。

弃官如脱履，携友来高吟。

春草池边梦，良稼原上收。

玄猿隐深树，白鹤横中州。

今日为君寿，寿寿如陵邱。

郑复，字一阳，明正德十一年（1516年）与弟临同领乡荐，初授嘉兴训导，师范端严，督学使者器重之，命主五经院长，历知乐清、乐昌、浈水三县。清以律己，惠以爱民，尤执法不挠，无所阿私，秩满告归。林居二十年，教授生徒躬耕自给，所居不蔽风雨，晏如也。弟临任南城丽水知县，亦以清介闻于时。

杨坷（1479—1562年），字国宾，号迟斋，丰山碧溪人。少读书，筑室于碧溪之上，味古籍以钻研，听渔歌而咏赋，乔松翠竹相与朝暮。明嘉靖十八年（1539年）恩授迪功郎，任浙江丽水两尹。

◎ 诗 三 首 ◎ （清）王履亨

冬日舟行北溪晚眺

舟行十里望平沙，极目炊烟断万家。
最是愁人增暮感，满天霜气噤飞鸦。

行不得哥哥

不嫌屐齿滑春泥，冒雨贪游过野溪。
偏是绿荫最深处，一声飞到鹧鸪啼。

寄闲在银塘橘园

闲花闲草对闲人，短榻羲皇入梦频。
除却此间闲日月，更从何处寄闲身。

王履亨（1858—1940年），字咸熙，龙溪人，精理学，1919年曾设帐授徒于华安银塘，晚年归龙溪之上苑，闽之学者称为宗敬先生。著有《中庸示掌》、《复一吟草》、《复一文存》，入室弟子有杨黄绶、杨祯、黄仲琴诸人。

◎ 陈北溪故里诗 ◎ （清）唐朝彝

村落半榛芜，乔木尚苍翠。

北溪故里间，父老能指示。

自昔吾道南，斯文不终坠。

至道日流行，如川之泻地。

紫阳集大成，继往开来世。

先生从此游，门墙俨高第。

天下莫能宗，正学反诬伪。

托迹建溪山，寻源溯洙泗。

先生佩服深，不改生平志。

北溪结真隐，源流同一致。

磋余生已晚，不得执鞭辔。

何处荐清香，泪洒溪流逝。

唐朝彝，字偕藻，生于华安汰内打铁坑，清康熙六年（1667年）进士，选翰林院庶吉士，历补御史，授宗人府丞。

◎ 闽 游 日 记 ◎ （明）徐霞客

一

崇祯改元之仲春，发兴为闽、广游，二十日，始成行。三月十一日，抵江山之青湖，为入闽登陆道。

（四月）初二日，下华封舟。行数里，山势复合，重滩叠溜，若建溪之太平、黯淡者，不胜数也。六十里，抵华封滩，北溪至此，皆从石脊悬泻，舟楫不能过，遂舍舟逾岭。凡水唯滥觞之始，不能浮槎，若既通，而下流反阻者，止黄河之三门集津，舟不能上下。然汉、唐挽漕缆迹犹存，未若华封自古及今竟无问津之时。拟沿流穷其险处，而居人唯知逾岭，无能为导。

初三日，登岭，十里，至岭巅，则溪水复自西来，下循山麓，俯瞰只一衣带水耳。又五里，则隤然直下，又二里，抵溪。舟行八十里，至西溪。西南陆行三十里，即漳郡。顺流东南二十里，为江东渡，乃兴、泉东来驿道也。又顺流六十里，则出海澄入海焉。

初四日，舆行二十里，入漳之北门。访叔司理，则署印南靖，去郡三十里。遂雨中出南门，下夜船往南靖。

初五日，晓达南靖，以溯流迂曲也。溪自南平来，至南靖六十里，势与西溪同其浩荡，经漳郡南门，亦至海澄入海。不知漳之得名，两溪谁执牛耳也。

徐霞客（1581—1641年），明地理学家，名弘祖，字振之，以别号行世。江阴（今江苏江阴）人。他不以仕途为荣，而以身许之山水，22岁开始出游，"驰鹜数万里，蹀躅三十年"，足迹遍及大江南北。其观察所得，按日记载，死后季会明等整理成富有地理价值和文学价值的《徐霞客游记》。

二

庚午春，漳州司理叔促赴署。余拟是年暂止游履，而漳南之使络绎于道。叔祖念莪翁，高年冒暑，坐促于家，遂以七月十七日启行。

（八月）十七日，下舟达华封。

十八日，上午始抵陆，渐登山阪，溪从右去，以滩高石阻，舟不能前也。十里，过山麓，又五里，跨华封绝顶，溪从其下折而西去。遥望西数里外，滩石重叠，水势腾激，至有一滩纯石，中断而不见水者，此峡中最险处。自念前以雨阻不能达，今奈何交臂失之？乃北下三里，得村一坞，以为去溪不远。沿坞西行里许，欲临溪，不得路，始从蔗畦中下。蔗穷，又有蔓植者，花如豆，细荚未成。复践蔓行，上流沙削不受履，方藉蔓为级，未几蔓穷，皆荆棘藤刺，丛不能入。初侧身投足，不辨高下，时时陷石坎，挂树杪。既忽得一横溪，大道沿之。西三里，瞰溪咫尺，滩声震耳，谓前后望中断之险，必当其处。时大道直西去，通吴镇、罗埠。觅下溪之路，久不得，见一小路伏丛棘中，乃匍匐就之。初犹有路影，未几下皆积叶，高尺许，蛛网翳之，上则棘莽蒙密，钩发悬股，百计难脱；比脱，则悬涧注溪，危石叠嵌而下。石皆累空间，登其上，始复见溪，而石不受足，转堕深莽。余计不得前，乃即从涧水中攀石践流，遂抵溪石上。其石大如百间屋，侧立溪南，溪北复有崩崖壅水。水既南避巨石，北激崩块，冲捣莫容，跃隙而下，下即升降悬绝，倒涌逆卷，崖为之倾，舟安得通也？踞大石坐，又攀渡溪中突石而坐，望前溪西去，一泻之势，险无逾比。久之，溯大溪，践乱石，山转处，溪田层缀，从之，始得路。循而西转，过所踞溪石二里许，滩声复沸如前，则又一危矶也。西二里，得小路，随山脊石直瞰溪而下，始见前不可下之滩，即在其上流，而岭头所望纯石中断之滩，即在其下流。此嘴中悬两滩间，非至此，则两滩几有遁形矣。逾岭下舟。明日，抵漳州司理署。

——节选自徐弘祖《徐霞客游记》

◎ 北溪纪胜 ◎ （明）陈天定

北溪九龙江实郡右臂，唐镇府以前，插柳为营，渡江以后，揭鸿置塞，外设巡逻行台，渐次开辟，内犹山深林密，萑苻时警。近者于西溪水口筑城守镇，海寇虽不敢内窥，然恐余波未平，伏莽窃发，则北溪间道锁钥宜严。今明公为民捍患，以某赞末议，诚思此方山川原委，村落聚散，其出没险夷，皆固圉者所宜周知，谨分三段条陈如左，聚米置棋，唯明公择之。

自柳营入江，山高水狭，三五里岩壑绝人居，古名蓬莱峡。上抵龙潭，取道五十里，舟行则信宿，《诗》所谓"溯洄从之，道阻且长也"。两岸俱龙溪治，其下为廿二都，上为廿三、四都，烟火丛稠，人事耕学，楼堡相望，滨江比庐。每雨潦辄遭淹没，盖江从宁、岩、平、长发其源，合流而下者七八昼夜，末又佐以长泰之水入峡，腹大口小若军持，易盈难泄，势使然也。峡以内村落，溪之西为黄柑，广袤依山，背距廿六、廿七二都，逼郡城之东郊；溪之东言汐浦，稍前则为九团社；面江者曰洪溪头、曰郭坑、曰渡头；处锌者有院后、有陂头、有黄坑、有炉边、有恒坑、有宁塘。逾陵间垅以交于泰，故泰人出峡者必至洪溪头乃舍陆而舟，入郡者必至渡头乃横流而乱下。有李林港列屋成市，其委达镇门之赤岭港，旧志谓虎渡，未决，故道实出此，今轻舟可通，为间道，上为扶摇，与洛滨相连，山峰耸秀，环其麓者，背面皆堂榭，地窄，人业陶以代耕。溪中浮出绿洲，洲头曰潮口，盖海潮逆入，至此而止，东支合流者曰黄石潭，则长泰舟行出水处也。在洲西者曰下灶、曰吴浦、曰蓬洲，宋北溪陈先生故里也，风教所淑今犹文物。稍上为溪西，人居稀少，然北人出入郡者必于此为埠。其隔江相对者为蓬莱、为香洲、为溪园，上通渡东、碧溪、浦尾、山头、浦西、蓝径，背负赤桥、玉兰坂、港头、芹下、康山、寨坂。由溪西直上三里许，则唐将军威惠庙在焉，古所为苦草镇松州保是也。徐坪缩入其背，历浦南、福清仙、柑浦，而上为后林、为金沙，与丰山、银塘夹江而处，皆世居旧族，齿重一方。

距郡四十里，郡人比游龙潭，舆马所会；其背有吉洋、岭兜、坑尾、古塘、军营，地接天宝，时有伏莽其间。初，玉钤将入龙潭，以山高涧窄，兵法所谓“死地”，先扎营于此，取道大山之巅以瞰汰内。今山顶石磴犹存，揭鸿寨营头亭在焉。抵龙潭，有日中之市，上下游舟次鳞集，溪北熙攘者以此为最。潭水深缓不流，旧称漫潭，梁天监间，有九龙群戏于此，故邑号“龙溪”，里名“九龙”，概称北溪为“游仙乡”。宋末，车驾南幸，乃改潭内为廿五都，潭外为廿三、四都，大抵龙潭地处十字之中：直者为江，驾舟北入可上宁洋，放棹南下即抵海澄；横者为陆，循西列嶂通于南靖，徂东平畴便驰长泰。此潭以外之胜概也。

入自龙潭，岩冈壁峙，人遵鸟道以趋，上臻龙岭，茀草求蹊者六十里；舟行亦信宿，为程若野潦频仍，石尤迅发，则有五日为期、六日不詹者矣。地属溪之廿五都，上由永安，北趋浦城出仙霞，西赴邵、汀出光泽，南走天兴。每军兴，多由龙潭掠舟以发，然中大小滩三十六，水石高下不时险巇。初入小滩为马岐，唐将军牧马故处也。稍上为汰口滩，汰水西汇大江，以小舟入，古称桃源洞，蓝雷所居，今号汰内。计入口十余里，有平畴广原，处天宝之背，逾郡，龙过脉有间道可通永丰司。上汰口少许为沙建，鸡鸣桑树，笛响陇门，村落推繁庶。上为井濑，西由大坑陆行二十里至升平保。井濑而上为鸬鹚漕、石铭里，在其东属泰治。前行数里居溪之西者为下樟，居溪之东者为热水，地出温泉，上为弦濑，水急倍，向来诸滩非绳牵缆引不得上。涧水东流，小舟时出者高层口也。悬崖缀屋三五欲坠者，渔人宅也。由此入，可缘石铭里通泉之安溪治。折而石圳滩，中流乱石，船循垒块以上。西逾岭有洒坑、有七埒、有大德、有绵治，山农百室，深入不可穷，石圳尽而潺坑见，三五转至大濑，或只居在涧，或数椽巢林，家无担石，斯柴买醉，雇浆疗饥而已。大濑一名宝珠滩，宋大中祥符间邱鄯获珠处也。雷轰箭括，溪北群滩尊之曰“伯公”。西为天宫，一窝盘谷，山后有黄心坪、有小坑、有内宁、有高车、有长者地通于绵治、升平。其东为悬绳岭，岭以上二十里曰炉伴，分隶安溪之龙涓里。峻岭高林间鲜村落，入潭至此，备警有二道：漳平见告，烽火必严于华封；安溪有急，声息必关于炉伴，其大较也。而五里滩司其喉舌，缘是如溪东坂、如古流、如黄枣，则其沿五里滩而东者；若长坑、若南坂、若澄川，则其附五里滩而西者也。又上鲤鱼滩，望华封龙岭咫尺间矣，谚曰“上了鲤鱼滩，方得客心安”。有村曰浦口，东入山即渔樵门，周折四十里，俗分七十二社，北连华封，南倚炉伴，东负龙涓，西亘大江，万室之乡，川原朊朊。龙岭山巉岩入水，人无下锄处，然舟车所通，北逾江浙、南梯粤东，船自柳营来者，于斯为彼岸，招招欲往，复鼓枻而南。年来四郊多垒，岭以下诸村连山筑堡，鼓柝相闻，然或垣而未室或室而未械，且有单寒湫隘，计丁壮不过三五十人，殆与潭外诸堡族巨力强、独支一面者不同也。

  龙岭舍舟而陆者，山自炉伴发脉，横奔碕口，截断溪流三十余里，为华封关锁。水随山湾，故岭道径而溪道迂，环流以入，宝珠石在焉，神物所都呵护。特峻有所谓白湖滩、二碕筒头、三花虎头者，鱼不能游，鸟不敢过。土人善没者号"师爷"，自横洋坂散筏以出，即执钉钩随之，与波上下，被其滞澜，疏其宿罅，谓之"洗碕"；遇矶激涛崩，则赤身扶木，翻舞浪花百沸中，如散签出筒状。历倒里、鼎濑、猴臼、仙溪、黄炉、前店子、和尚山等处，如是者不啻三四，乃放漫流，设竹绳横江限之，复合为筏，谓之"绷"，以绷向者横洋坂所散诸木也。碕以内又有间道通芒畲、高石、下寮、前岭、都寮、葫芦门、外山，南达漈头，西倚归德，北合永福里。前，山寇尝以二十余人出此，夜袭龙岭，转趋华封市，焚戮劫夺，归虎尾岐而去，则龙岭之迁流入碕者可知。若其陆而径者，面壁以登，敛骨折步，宋杨汝南所云"江流如箭路如梯"是也。从华封入郡，朝发夕至，故俗出以夜，束火明灭，依山一带似天河列宿。岭以上，历石头庵，经李公坪，为云水桥，山高不知水出，宛如泥封，故诘兵设险，欲固上游必置营华封。营中市贾者、侩者、旅者、榷者、巾者、秃者、弁者、谣而驿者、弹而鸣者、脂而黛者莫别省直。向日岭以南，舟车所至，悉此蝟顿偬，日淹月迟而又久。营而下为霞坂社，其隔江曰草坂、曰罗溪、曰罗村，山辽地回，为永福门户，备华封者西严斥堠，此其要害。由华封营而上，复趋舟，舟小于河之下者十之一，滩虐于河之下者十之九。北逆大深，沿溪而上，数滩之剧者曰犬牙、曰石圳、曰赤竹、曰浆砧、曰神濑、曰横龟、曰六曲、曰三牛、曰卑婆。操舟者其体殒殒，以负而趋；乘舟者亦时跣而涉，以骇其巇而席其夷。有石门坑、骡子岭、珍山、隔口、倒濑在其东；有河水坑、归化司、西陂、澍溪在其西，或隐现天末，或缀旒山足。越宿，及于函口。水以上则漳平之所攸往；山以左则大深之所自入，蒙泉涤涤，石磴嶒嶒。斯又侦哨所必至也，计北溪之为廿五都者至此而观止矣。问祖寻宗，则宁洋之山之水，实发而为漳平、为安溪，以出而为长泰，北溪之率水而东者，其支其派也，而大尽于香洲之黄石潭；龙岩之山之水，实发而为漳平之永福里，以出而为郡城，北溪之率水而西者，其支其派也，而大尽于登高洲之李林港。某所笺疏，盖其属龙邑而为郡城，肩臂者若此。

龍溪縣志 《卷之二十四》藝文

川原委村落聚散其出沒陶夷皆固圍者所宜周知，謹分三段條陳如左聚米置棋惟明公擇之。

自柳營入江山高水狹三五里巖壑絕八君古名蓬萊，峽上抵龍潭取道五十里舟行則俯瞰溯從之道陰且長也兩岸俱龍溪治其下為廿二都上為廿三四都舟火叢雜人事科學棧壁相望濱江比廬每雨潦鄉遭淹沒蓋江從宧巖平長發其源合流而下者七八晝夜末又佐以長泰之水入峽腹大口小若軍持易盈難淺勢便然也。峽以內村落溪之西為黄相廣委依山脊距廿六廿七二都過郡城之東郊溪之東言汶浦稍前則孫九圍社面江者曰洪溪頭曰郭坑曰渡頭處鸽者有院後有陂頭有黄坑有恒坑有塭塘之而舟其委達鎖門之赤嶺浦舊誌謂虎渡未決故道實陵開轍以交於泰故奔九出峽者必至洪溪頭乃會陸成市其背面皆堂榭迤军人業陶以代耕溪中出此令輕舟可通兮開道上為扶搖聳秀璨其縝者背面皆堂榭迤军人浮出綠洲洲頭曰潮口蓋海潮逆入至此而止東支合流者曰黄石潭則長泰舟行出水處也在洲西者曰下竈曰吳浦曰蓬洲宋此溪陳先生故里出愿教所淑之

◎ 洪石秋子传 ◎ （清）郑亦邹

明师相黄道周既死国难，其弟子洪思抱遗经悲鸣烦促，章皇于山泽之间五十余年，负明衣冠卒，正其志以发明黄子之行学。死之日，故人、门生私谥为"文晦先生"，而属予小子为传。

按思字阿士，闽之龙溪人，少好古，博极群书，每涉笔，缭戾寒凉，有骚人之心，而夙性雅淡，不近流俗，常危坐终日，不见惰容，自喜为儒益甚。方思陵间，道周讲学于邺山，一时彬彬，礼明乐作，放古赋诗赠答之例，选弟子秀者依《鹿鸣》之声，习而歌之。时思父尊先生故在黄门，思为童子隶悬间，一日侍道周出峡，受《孝经》以归，慨然有得于身教之旨，以明经复古为己任。及明亡，道周被执以死，思蓬头匿还，不胜其哀。与所善杨履圜为人外之游，每同舟过乐性堂，未尝不吊数峰也，相持而哭，移日信信于江不能去。居无何，履圜死于义，思独游无所向，乃负书荷畚隐于竹川以自伟。废垣枯甃，家无担石之储，岁饥，连日不炊，或疑其死。思方泊如，忘其惫顿，益危坐，草《洪图》，作五教之图以为《经》，三极之图以为《史》。始于《孝经》而终于《易》，以宣究道周之旨趣。久之，或觐诸翁以客授为业，时士者方急利禄，工帖括为进取之资，思独发六经之蕴，明三代之学，必本之仁义中正，而归于太和故游。其门者有吟风弄月，"吾与点也"之意，然而愤世怀贤，亦浩不可御，近遇铜驼秋风，故宫夜雨，莫不慷慨悲歌，动成大息。与诸生谈明事及明兴亡之故，欷歔烦醒，天地改色，有沉湘蹈海之风。一日筮《易》遇坤之师，顾予而叹曰："四七、九九久为梦呓，诗书无征，则卜洛为过。"予盖不能答也。

始思入竹川时，与妻戴氏同凿敬身屏。戴亦能贫，有妇行，所谓"劳迁小戴"乃是也。既生子民贞甫六岁，戴且死，思益浪迹，晚爱苦竹山山水，复凿敬身屏而居焉。时以收文出漳上，漳上弟子为筑王导之园。复闭户因道周文以著书，述其言为《黄子讲问》二十有九篇，述其行为《黄子谱》二十有三篇，然后道周之书稍稍毕集，而思所著《洪图》十二部，仅成十之七八，卷帙颇繁，或不能就矣。甲申七月，予著《道周履

圜传》成，请正于思。思为援笔更定数语，作而叹曰："我死或以本传累君，然身隐名露，是先师之所恶也，退志其道而已。"后一月微病而卒于收文之行阿。诸弟子为奉丧，葬于紫云之山麓，虞而归苦竹山，祠于文明庙之左庑。予想夫所知沦没，洒涕中野，与昔之宋玉、景差为大招以哀其师者怆烈何异！若乃流落空山，松幽自宝，抱义怀仁，颓然而道尽，则顽廉懦立矣。因叙其平生出处大致，哀其遗文在者《敬身录》八卷、《孔子谱》二卷、《朱子谱》二卷、《黄子》二卷、《求仁篇》四卷、《文删》十卷、《诗删》八卷、《月史》、《岁史》各四卷、《山居帖》一卷。曰《孝经行》、曰《论语学》、曰《诗家》、曰《礼家》、曰《孟子性》、曰《春秋志》为《洪图六经》，凡八百四十二图；曰《易史》、曰《天史》、曰《地史》、曰《王史》、曰《儒史》、曰《孝史》为《洪图六史》，凡四百二十一图；而《礼家》、《春秋志》、《易史》、《天史》颇未脱稿。

论曰：予读石秋子书，迹其行事，恢恢乎意不足而道有余；非先王之法服不敢服，非先王之法言不敢言，非先王之德行不敢行，施之于今诚无所用之，然而孔子、孟氏之家法粗在于是。《易》曰"硕果不食"，《诗》曰"虽无老成人，尚有典型"，言道之未坠也。而世之论者见其多感善怀，于君臣师友之间翔回踯躅，不能自禁，犹以为郑忆翁、谢皋父也。

欣赏華安新姿

　　幽远绵长的北溪历史不仅积淀了灿烂深邃的北溪文化，同时也铭刻着历代先贤创造的辉煌的文明成果。如今，沿着先辈的足迹，勤劳聪慧的华安人民秉承"致力改变山区面貌"的雄心壮志，沐浴改革开放、科学发展的春风，凝心聚力，先行先试，浓墨重彩谱写华安"融入海西，奋发崛起"的崭新诗篇。

　　这里，仅从近几年来华安滚滚向前的发展大潮中采撷几朵浪花，权当记录当代北溪人艰苦创业的足迹，也作为您"欣赏古县新姿，感悟华安生机与魅力"的参考。

华安区位图

北溪赋

◎ 北 溪 赋 | ◎ 邹清水

　　漫步在华安城关万顷湖边的林荫小道，或立于湖心亭凭栏眺望波光粼粼的九龙平湖，乘车沿九龙江北溪两岸行驶，放眼窗外，领略滔滔北溪水和沿江果竹带，人们不禁要礼赞这条弯弯曲曲的江流及其两岸的青山翠竹，钦佩辛勤建设、营造这美好家园的华安人民。

　　九龙江北溪在华安县境内由北而南穿越107公里。有了这条北溪，才有了华安这个小小的山城。北溪从这里默默地流过，但她不是简单地贯穿地界，而是时急时缓、峰回路转，甚至东水西流。北溪的九曲十八弯构筑了她独特的美丽景致，映衬了北溪两岸奇妙的自然风光。上游的北溪山明水秀，两岸古木苍翠、绿树掩映，原始色彩十分浓郁。中游正处于城关地段，华电大坝拦江而起，万顷平湖映入眼帘，给这座美丽的山城平添了几分秀色。山城，因湖而更加秀美；平湖，也因这娇小的山城身价倍增。记得当年辽宁省帆板队员正是看上了华安这幽静的小城以及湖天一色、粼波荡漾的九龙平湖，才驻足在这儿进行冬训的。如今，这平湖已成为省内外运动员进行多种训练的良好基地。北溪下游江面渐阔，溪流舒缓平静，河水依依不舍、默默地流向远方，告别华安，与西溪交汇融入大江。九龙江北溪百里的流程，就是华安的百里大观园。

　　华安人对北溪的情有独钟，还源于北溪融会了华安的古老文明和现代气息。

　　北溪文化既体现了华安几千年的历史文明，同时也肯定了世代居住在北溪周围的华安先民们所具有的聪明和智慧。在福建省一千多座土楼中唯一被国家列入为重点文物保护单位的华安"二宜楼"，如今仍保存十分完好，并得到进一步修护。"二宜楼"曾被专家喻为"天上掉下来的飞碟"，使人一听便觉得神秘、惊奇。众多的人文景观构成了北溪璀璨的文化图景，它们将随着时间的推移和历史的进程，显示出更高的时代价值和保护意义，这也就像北溪底下的千年玉石一样，虽历经流水长期冲刷，饱受沧海桑田，不仅造型更加奇异，质地也更显纯洁无瑕，倍添赏

欣赏华安新姿

玩、收藏价值。华安人懂得珍惜他们祖先遗留下来的赠物，也热爱、保护先人创造的伟大杰作。

如今，北溪更加美丽了。但是北溪的美要感谢建设北溪的勤劳、智慧、勇敢的华安人民对她的的精心打扮、细心呵护和真心的爱恋，还要感激在这块热土上奋斗过、工作过的华安历届领导和革命老前辈的得力指挥、倾心规划和努力实施。华安人民不会忘记为华安的革命事业和建设事业奉献宝贵生命的先烈们，不会忘记那些几年、几十年甚至一辈子工作在华安，甘愿把青春和血汗浇灌在这块热土上的来自全国各地的领导、专家、普通工作人员，不会忘记几十年来为家乡的进步和昌盛孜孜追求、耿耿奉献的港澳台同胞和海外侨胞、华人……

自从华安建县以来，80年的风风雨雨为北溪增添了几重的色彩和不同的分量。新中国成立后北溪转忧为喜、容光焕发，华安人切身体会到党的领导，特别是党的十一届三中全会以来改革开放政策的正确与英明。他们坚决拥护中国共产党，坚定不移地走有中国特色的社会主义道路，在历届县委县政府的领导下，艰苦创业，奋发有为，为建设家乡不惜贡献自己的青春甚至毕生精力。

"雄关漫道真如铁，而今迈步从头越。"华安的建设者们并不甘于停滞于已走过的征途上，也不满足于已取得的建设成就，他们就像滔滔不息、滚滚向前的北溪流水，永无止境，一往无前，去开拓更为广阔的天地，去创造更加壮美的明天。

北溪在变化，北溪在前进，变得更美，步伐迈得更快。如今的华安，与以往不同的是，工业生产稳步发展，基础设施更趋完善，建设步伐明

显加快。电力、建材、食品、冶金、化工等已成为华安工业的主产业，是县财政和农民增收的重要来源。北溪两岸的路也变得更为喜人，南往漳州的柏油路面得到拓宽改善，北接漳平的道路已竣工开通，新建城关大桥及其配套立交桥英姿展现，成为华安最重要、最雄伟的第十道横跨九龙江北溪的桥梁。城关旧城改造加大力度，加快速度，一座座现代化的楼房拔地而起，一条条宽敞明亮的新街道交错并行，华安人久居的低矮、拥挤的房子已一去不复返。

北溪的变化，还可以从北溪梦幻般的夜景得到印证。每当夜幕降临，北溪就如一条镶满珠宝的彩带在发光，在闪烁。平湖两岸的灯光，把北溪映照得通亮。湖上华灯五光十色，湖底流光隐隐约约，把人们给迷住了。夏夜平湖边、北溪岸的风味小吃点如群星排布，吸引了三三两两的俊男倩女、老者少儿，人们边纳凉边吃夜宵，而更为惬意的是能边聆听北溪有节奏的流水声边欣赏这美丽的夜景。北溪人越来越看重这轻松、有品位的夜生活。

九龙江北溪，您那清澈透明的流水、宽阔浩瀚的河面，就是华安人坦荡、博大的胸怀，您那蜿蜒百里、奔腾不息的潮头，就象征着华安人百折不挠、开拓进取的高尚品质。九龙江北溪，您千百年来始终如一、不求回报地用自己甘甜的乳汁哺育着一代又一代华安人民，给华安人民以无尽的美的享受、力的鼓舞、爱的源泉，华安人永远热爱北溪、赞美北溪、建设北溪；九龙江北溪，您发源于高山峻岭，您流经这美丽的山城，您涌向那大海，您把华安和祖国、与全世界连接在一起。

欣赏华安新姿

◎ 走向世界的华安
诚迎世界的客商 | ◎ 华　宣

华安位于福建南部、漳州西北部，是福建省沿海对外开放县之一。全县土地总面积1315平方公里，辖6个镇、3个乡、1个市级闽台农业开发区（华安工业集中区）和4个国有林场，有97个村（居）委会、461个自然村，总人口16万，是祖国大陆高山族同胞聚居最多的县份。

华安生态良好，山清水秀。全县有林地138万亩，天然林面积50万亩，森林覆盖率达73%，水质和空气质量均优于国家一级标准，是国家森林公园、全国生态建设示范县、全国经济林建设示范县。

华安交通便捷，四通八达。鹰厦铁路、闽中通道和福建第二大江九龙江贯穿全境，总长107公里。县工业集中区位于厦成、漳龙、漳永高速公路和省道西港线、鹰厦铁路交会处，距漳州市区15公里、厦门48公里。

华安资源丰富，独具特色，自然人文景观众多，历史文化积淀深厚。世界文化遗产福建（华安）土楼、"中国十大候选国石"之一华安玉、名扬海内外的华安铁观音茶被誉为"华安三宝"。

华安是世界文化遗产地、世界旅游目的地、全国铁观音名茶主产地，也是中国观赏石之乡、中国民间玉雕艺术之乡、中国绿色食品之乡、中国坪山柚之乡、中国竹凉席之乡。2007年被评为福建省"经济发展十佳县"，2008年荣登福建省"经济发展十佳县"榜首。

◎ 华安工业：
奋发崛起谱写新篇章 ◎ 蒋欣福 邹瑞城

在短短的几年时间里，曾经的山区小县、工业弱县华安发生了深刻的变化，令人刮目相看。一大批大项目、好项目纷纷落户华安工业集中区。工业经济、项目建设等方面奋发崛起，谱写新篇章。

乘着"海西"建设的东风，华安抓住2004年漳华路改造拓通的机遇，紧紧围绕"尽快改变山区面貌"的指导思想，深入实施"工业兴县，兴茶富民"发展战略，全县经济社会取得又好又快发展。五年来，全县共引进项目近200个，其中工业项目150多个，总投资130多亿元，全县三产比例优化为33.5：41.8：24.7，工业对财政贡献率达60%以上。2007年、2008年连续两年荣获"福建省经济发展十佳县"称号，逐步实现山区经济向郊区经济转变、传统农业经济向工业经济转变，发展基础更加扎实，后发优势日益显现。

思路一转天地宽

受客观条件制约，长期以来华安县在漳州各县（市、区）当中工业发展相对滞后。面对现实，县领导班子形成共识：要实现跨越式发展，必须转变定势思维，拓宽思路，破解自然条件的限制，从工业寻求突破。经过多次实地调研和科学论证，县里最终选定靠近漳州、交通便捷、地势较平的丰山镇创建华安工业集中区，这里距离漳州市区15公里、距离漳龙高速公路漳州西互通口6公里。规划建设的福广、漳永高速公路途经工业集中区，建成后将实现工业集中区半小时到达厦门、漳州港，进入厦门半小时经济圈，交通区位优势更加凸显。华安"举全县之力"把工业集中区打造成工业发展的大平台，并出台"飞地工业"政策，对不适合发展工业的乡镇，引进项目在工业集中区落户，享受税费分成。

华安工业集中区创建以来，项目接踵而至。如何加快项目建设力度，促使企业留得住、发展得好？华安县建立了领导责任机制：所有县领导

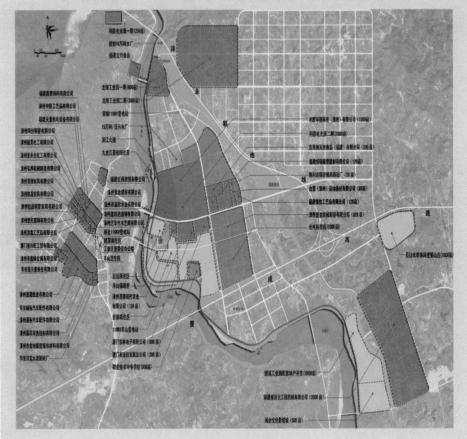

华安县工业集中区项目分布示意图

每人至少挂钩一个工业项目，把责任目标完成情况与责任单位及领导的评先评优、提拔晋升等挂钩，形成人人有责、层层抓落实的项目工作机制。建立起失地农民保障机制，采取土地补偿、固定生活补助、自愿参股县属国有水电企业、优先就业等措施，解决被征地农民的后顾之忧，确保工业集中区建设快速推进。不断优化投资环境，在工业集中区挂牌成立企业服务中心，积极引导企业配套项目建设或垫资铺路造桥。

"飞地工业"突破了山区发展工业的限制，在给引办项目的乡镇带来好处的同时，也推进了工业集中区的迅速发展。五年来，华安工业集中区从无到有，从小到大，悄然起飞。工业项目实现了从无到小到大的跨越式发展；工业产业实现由资源型向生产型、效益型、集群型转轨；初步完成工业集中区60平方公里概念性规划、九龙工业园首期15平方公里总体规划和1万亩光电产业园控制性详规，以及滨江景观规划；基本形成了以盈晟纸业为龙头的长富工业园，以艺科环境为龙头的九龙工业园，以紫金建材为龙头的新社工业园，以工业草酸为龙头的龙翔工业园，以利胜电光源为龙头的前宅工业园等五个工业园区，形成以电力、光电、精细化工、建材、玻璃、汽车配件和家具等特色产业为主的产业集群。目前，华安工业集中区有75个项目落户，总投资达120多亿元，全部达产后年可创产值150亿元以上，创税收7亿元以上。

苦干实干创新路

昔日华安，除了山，就是水，交通不便，工业基础十分薄弱；今日华安，工业蓬勃兴起，经济欣欣向荣。正是华安人爱拼敢赢、苦干实干的精神，实实在在引项目，扎扎实实办工业，闯出了创业路，谱写了新篇章。

虽然建立工业发展平台，但是华安的自然、交通等条件还是远远落后于沿海县（市、区）。怎么才能引来"金凤凰"？

"环境就是生产力！不比条件比干劲，不比基础比精神！"华安县干部喊出了如此的口号，也如此践行着对华安发展大业的诺言。

在一次全县干部大会上县领导动情地说："华安财力薄弱，人力资源有限，必须凝聚全县力量，集聚有限资源，以不甘落后的精神和迫切发展的创业激情推进各项工作！"

为此，华安县专门制定出台《关于加强工业项目建设的若干意见》，建立从各级领导到各部门、各乡镇人人有责任，层层抓落实的项目工作机制。县里还坚持在工业项目建设一线锻炼干部、考察干部，抽调一批后备干部到工业集中区一线工作，努力形成"想干事的有事干，干成事的有位置"的良好氛围。

华安县工业集中区江滨生活区概念性规划鸟瞰图

　　"好路子是人走出来的。"基层干部老杨接受记者采访时说。华安工业集中区创办之初什么都没有：没有宿舍，干部就自带铺盖、租用民房；没有食堂，就在工地上吃简单的面汤和快餐。四年多来，下派干部几乎是没有节假日、双休日的，白天丈量土地，晚上进村入户，挨家挨户做群众思想工作，有时遇到项目进来，任务紧急，为做通群众思想工作，常常工作到凌晨两三点。

　　"好事情是人干出来的。"在引进紫金水泥这个大项目时，当得知业主看中的一块地有一部分已批给泉州某企业时，县领导连夜赶到泉州，主动登门拜访老板，协调置换用地，以真诚打动了客商，使之爽快答应"以地换地"，既确保了新的大项目落户，又留住了原来的项目。时任福建紫金建材公司总经理的郑曦回忆起选择落户华安时的情形说："是华安领导实实在在干事业的热情感动了我。"龙翔实业有限公司董事长杨龙辉感慨地说："县领导十分关心企业，经常带上相关部门人员到工地察看项目进展，当场协调解决具体问题。他们对企业非常重视，现在，我觉得项目要是做不好，最对不起的不是自己，是县领导。"

发展保护双丰收

　　华安的工业起步较晚，发展迫在眉睫。面对着急功近利的诱惑，"既要金山银山，更要绿水青山"的发展理念在华安却早已深入人心。县领导们认为，绿水青山是大自然对华安的慷慨赐予，我们没有理由不好好珍惜。华安立志做到经济发展与环境保护并重，千方百计保护好九龙江，让下游的漳州、厦门人民放心。

秉持着这样的发展理念，华安县关停并转二十多家有污染的小企业。投资5000万元，建设新县医院，加强对医疗废水治理；投资260万元，在漳平、华安九龙江流域交接断面建设一个水质自动监测站，对九龙江北溪八大指标进行24小时监控……正是本着对"绿水青山"坚定不移的情怀，本着对"金山银山"锲而不舍的追求，华安从招商引资到招商选资，引进一个个又大又好的项目。

利胜电光源项目引来了，总投资8亿元，建成出口欧洲最大的节能灯具生产基地；龙翔实业有限公司进来了，投资6.5亿元，建成亚洲最大的工业草酸生产基地；盈晟纸业进来了，总投资10亿元，以进口木浆为主要原料，年产60万吨再生纸制品；艺科环境项目到来了，总投资35亿元……

华安县坚持一手抓特色工业发展，一手抓生态环境保护，实现发展与保护双丰收。

◎ 华安茶产业：
转型升级正当时

◎ 谢贤伟　郑跃辉
黄阿彬　黄淑琳

华安是山区小县，也是省定19个经济欠发达县之一。然而去年，华安农民人均纯收入却达到6797.46元，比全省平均水平高600多元。目前，华安全县拥有铁观音优质茶地15万亩，全年毛茶产量1.4万吨，茶叶产值12亿多元。茶叶已经成为华安农业增效、农民增收的主要渠道，其产值占全县农业总产值的64%，仅茶叶一项，即为农民人均纯收入贡献4000元以上。

重整旗鼓

自唐代始，华安已有一千多年种茶历史，并曾在19世纪至20世纪20年代达到鼎盛。但是，随着1984年茶叶派购取消，华安茶叶由于管理水平低下，加工技术粗糙，效益日渐低下。

1998年初，省茶叶专家在仙都镇的一次调研，为华安茶叶引出了振兴之路。"华安，特别仙都的土壤、气候等条件，与毗邻的安溪极为相似，而且生态环境得天独厚，适宜铁观音的种植。"

从仙都镇八亩铁观音示范片起步，华安茶叶走上了以铁观音为主打产品的发展征程。不久，华安举办首届茶王赛，铁观音"茶王"以50克1.8万元的天价成交。

2000年，"兴茶富民"战略提出，华安茶叶步入了快车道。如今，华安已成全

国铁观音主产区，全县拥有茶叶加工企业7000多家，精制加工企业50多家，加工、营销龙头企业30多家，实现劳动力转移4万多人。

茶农回首往昔发现，近年家里的收入，大大超过了前几年。仙都镇上苑村蒋志端，2004年花10多万元买车，又在2005年花80万元建房。"种茶以前，在家做米粉，年收入最多1万元。"蒋志端说，"现在，种20多亩茶，年收入10多万。"仙都种茶占全县茶叶1/3强，去年人均纯收入9945元。最北的湖林乡，现已种茶1.8万亩，人均纯收入则从2003年的2092元上升为去年的5320元。

以 质 求 胜

与邻近茶叶主产区相比，春夏暑秋四季茶，在华安均可提早二十多天采摘。"这个时间差帮助华安茶叶抢先一步占领市场，"县茶叶产业化办公室主任林荣杰说，"而且，12月中下旬，还可多采一季'冬茶'，填补市场空白。"

有了自然条件赋予的优势，茶农们大胆创新种植加工方式。传统种茶在山腰上，华安茶农却在大田里种茶。"相比梯田种茶，大田种茶密植度更高，生长快，产量大。"县农办一位干部说，另一好处，是可对种植五至七年的茶园，水旱轮作，实现茶叶种植良性循环。

装上空调"伺候"茶叶，这在华安也屡见不鲜。铁观音是半发酵茶，好坏除了茶青质量，很大程度上还取决于发酵环境。制茶师傅老林说，空调制茶可在不同季节、不同气候条件下，人为控制温度和湿度，调节出适宜茶青发酵的环境。

为了科技兴茶、质量立茶，培训茶农也被当做一项基础工作年年落实。华安县以创建"国家级铁观音茶叶绿色食品原料标准化生产基地县"为契机，实施万人培训工程，请来省农林大学、省农科院、省茶科所的专家，多次对茶农现场指导。至今，接受培训的茶农已达上万人次，涉及密植、修剪、改土、施肥、防虫、采摘、加工等一系列技术。茶农学会了如何提升鲜叶质量，为加工优质茶叶奠定了基础。特别是施肥、用药方面，在专家引导下，茶农施用农家肥、有机肥、专用肥，采用生物农药防治病虫害。在提高茶农素质的同时，华安投入两百多万元建立了茶叶质量检验检测中心，定期对茶叶进行"体检"，控制茶叶农残，还要求，加工时必须使用电或液化气烘茶，既净化了加工环境，又保证了茶叶品质。

品牌拓市

品牌战略首先统一，"单兵作战"不见了，代之以"兵团作战"，由企业抱团出击，以集群效应打造品牌。一方面，全县茶叶统一冠以"华安铁观音"品牌，企业在统一冠名下使用不同商标，多形式、多层次对外宣传。另一方面，在全国各地举办多种形式的"华安铁观音"推介活动，扩大知名度。华安自信茶叶品质不输人，开始频繁参赛，为品牌造势。从1999年全国第三届"中茶杯"名优茶评比拿下一等奖至今，华安茶叶在省内外的名茶评比、茶王赛中，夺下多个奖项。闯出天地的华安茶叶，渐获认可。全县通过QS认证的茶企已达19家，"佳香源"连续三年荣获"福建省铁观音名茶"称号，"哈龙峰"、"二宜楼"获得"福建省名牌产品"称号，被评为"福建省著名商标"。去年底，"哈龙峰"还成为全县首个"中国驰名商标"。"仙茗"成为农业产业化龙头企业。去年以来，华安县政府牵头，组织茶叶龙头企业，先后赴香港、澳门、上海、郑州、烟台、厦门等地参展，宣传推介华安铁观音，大大提高了华安铁观音的知名度。

2007年12月16日，第二届海峡两岸茶文化节暨华安铁观音交易会开幕，投资八千多万元的全省第二大茶叶交易市场——华仙茶都正式落成启用，华安茶叶实现了家门口交易。随着天福集团华安分公司的建立，华安铁观音也顺利借助其营销网络进入了天福八百多家全国连锁店。

华安还主动向外拓展营销网络，引导企业创办专卖店、连锁店，抢占市场份额，到省外新办茶叶专卖店、连锁店的企业，将获得一次性奖励5000元。目前，全县在省外共有110多家茶叶营销店，1000多支走南闯北的茶叶营销队伍，并在北京、上海、重庆、广州、深圳等地建立了茶叶专卖点。

转型升级

实现增收的华安茶叶如何再上新台阶？转型升级势在必行，"种植面积保持稳定，重点抓质量。华安茶叶中档产品居多，高端产品应当尽快开发。"对此，哈龙峰茶叶有限公司总经理刘火城深有感受。

提升档次，质量首当其冲。目前，华安正在积极创建国家级铁观音绿色食品原料生产基地县。基地规划面积三万亩以上，无论土质、水源，还是农药、肥料，都须符合绿色食品的标准。"基地建成，将会推动全

县茶叶转向绿色标准化。"县分管领导说。

转型升级，少不了龙头企业的带动。"哈龙峰"、"二宜楼"、"佳香源"、"皇家龙"的年产值已近亿元。今年有10家茶叶龙头企业晋升规模工业企业。

对于从茶叶中获益的企业、茶农来说，获益之本也并未被遗忘。"华安是国家森林公园，保护好这一优势，今后发展生态茶园才不会是无本之木。"刘火城说。近年来，哈龙峰、佳香源等企业正在探索实行"山顶种树、山腰种茶"的新模式，恢复当初开山种茶破坏的生态。种茶面积最大的仙都镇，还结合土楼申遗和全国环境优美乡镇的创建，从2007年开始，完成了6个村7000多亩茶园的生态绿化。一度略显光秃的茶山，又见绿意葱茏。

欣赏华安新姿

绿色 华安

【海峡二十七城市历史文化系列】

◎ 建设山水园林县城
致力改变山区面貌

◎ 林丽碧

　　30年来，改革开放的春风吹遍了八闽大地，我县处处发生着沧桑巨变，城关更是经历了从"旧城"向"新城"的变迁，从层次较低的小县城向尽显江南特色的山水园林城市迈进的历程。如今的县城焕发出新的容颜，一座座楼房鳞次栉比，一条条街道宽阔整洁，色彩缤纷、特色鲜明的灯箱广告整齐排列，林立的商铺人头攒动……华安处处让人感受到园林式城市的气息，成为"九龙北溪"的一颗耀眼的明珠。

　　为不断加快城市建设进程，让城关旧貌换新颜，我县历届县委、县政府做了艰苦卓绝的努力。近年来，县委、县政府审时度势，按照科学发展观的要求，加快城市化建设步伐，狠抓旧城区拆迁改造和城市基础设施建设，按照"保护生态，开发沿江，拓展新区，改造旧城"的发展思路，坚持高起点规划、高标准建设、高要求管理，牢固树立城镇发展人文化、生态化、特色化理念，致力建设一个有特色、有品味的山水园林县城。立足新起点，实施新举措，按照"做美一江两岸、拓展城南新区、完善功能配套、提升管理水平"的总体要求，围绕把县城建设成为功能完善、设施齐全、市容整洁、文明卫生、尽显江南特色的山水园林城市的总体目标，在努力抓好拆迁改造、基础设施建设、城区

环境治理的同时，着眼科学发展，着力打造最佳人居环境，掀起了一轮城市建设的高潮，使县城面貌发生了翻天覆地的变化，在推进富庶、魅力、和谐新县建设进程中描上了浓墨重彩的一笔。

拆迁改造：县城旧貌换新颜

20世纪80年代初，我县城市化程度较低，公共设施陈旧，低矮的土坯房随处可见，街道狭窄，有人戏称华安街道可以左手买烟，右手买火柴。

为尽快改变城关面貌，县里按照"统一规划，合理布局、因地制宜，配套建设"的基本原则，从1997年至2000年，用四年时间，实施了第一、二、三期县城旧城改造建设，基本形成城区框架。建设了两段纵向街道，即从搬运公司至第一幼儿园的农林路340米和信用联社至防疫站大同路的东段450米。两段横向街道是火车站至九龙江边的大同中路250米和第一幼儿园至大同路的文化路155米。重点实施了旧城区拆迁改造，沿街两侧的房屋建设，车行道及人行道铺设，城市给水管道和排水沟渠建设，供电线路、电话、电讯、广播、电视线路系统架设，行道树绿化，路灯、路标、楼标的挂设等。至2000年底，旧城改造基本完成。

近年来，我县又抓住机遇，掀起新一轮城关改造建设热潮。三桥横跨两岸，新建铁路下立交，城关交通四通八达，县城面貌发生了翻天覆地的变化，旧城的痕迹已从人们的视线中消失，城市面貌日新月异。

欣赏华安新姿

项目建设：城市形象大提升

县城建设，规划先行。我县采取公开征集的办法，优化设计方案，科学制定了《华安县县城城镇体系规划》和《华安县县城总体规划》，按照"政府主导、企业参与、多元投资、市场动作"思路，坚持标准，由易到难，能快则快，稳步推进县城建设。

今年来，我县继续投入大量资金，抓好城建项目，加快"山水园林县城"建设。目前，平湖花园、龙祥嘉园、江滨花园二期、小城故事、九龙国际商贸城等房地产项目正抓紧内外装修，近期可交付使用；华安大酒店完成土建工程，进入内装修阶段；移动大楼、粮食中心库、老干部活动中心、后坑"铁路下立交人行道"等项目正抓紧建设；完成城区防洪堤一期工程和大同西路拓宽改造。如今，华安城区由原来的0.6平方公里拓展到2.8平方公里。这些项目全部建成后，将进一步提升县城品位，改善城市形象。

美化靓化：山清水秀宜人居

华安山清水秀，气候宜人，被誉为"北溪明珠"，县委、县政府科学谋划，准确定位，确定了创建山水园林城市，打造最佳人居环境的城市建设目标，做好山水文章，优化城市环境。

九龙江北溪由东至西穿城而过，我县充分发挥这一资源优势，美化"一江两岸"，精心塑造江滨城市景观，形成"一水二山三桥"的城市自然山水特色。投资建设拦河橡胶坝，打造城关第二个人工湖。加快城东大桥、一中大桥、坝头两侧等关键节点景观及亲水步道、夜景工程建设，做好沿江沿线两侧环境绿化美化，及高山族风情园、竹种园规划建设，凸显"山水融城"特色。

为使山城更加富丽，我县投入大量资金实施"花圃工程"、"夜景工程"建设。在建设上力求做到"四化"，即设计思想现代化、灯光效果艺术化、景观公园化、设计安全信息化，营造了较为浓烈的文化氛围。在县城迎宾路、平湖路统一制作灯箱公益广告、彩灯和高杆路灯，同时组织城区单位在办公楼安装射灯、霓虹灯，在城区主要街道建成了四季绿树成屏、春夏百花点缀的城区绿化美化带，形成流光溢彩、树影婆娑、景色迷人的新景观。

　　如今的县城空气清新，街道整洁，绿树成荫，花团锦簇……环境越来越美，公共设施越来越完善，服务功能和品味显著提升，处处显示出富有江南特色的山水园林城市风韵，县城正朝着最佳人居城市目标迈进。县城里生活了一辈子的一位老人这样评价城区建设的新变化："县城如今真是大变样，街道干净整洁，房屋错落有致，公交四通八达。看环境，山清水秀；论发展，朝气蓬勃。在这里生活很好。"

欣赏华安新姿

◎ 沐浴改革春风
铸就交通辉煌 ◎ 王素琴

　　改革开放30年，华安道路交通基础设施建设取得令人瞩目的成就，形成四通八达的交通网络。

　　2007年底，省道金上线华安段二级公路改建工程一期基本完工。金上线是华安县城通往大地土楼群的主要交通干道，途经西埔、先锋、中圳、仙都、大地、上苑、岭头等村。省道金上线原为省道围禾线，2001年围禾线更名为省道金上线，由于公路等级低、路况差，除部分为四级公路外，其余全是泥结碎石路面。该公路改建工程于2005年11月开工，分两期实施：第一期改建华安城关至石坂水电站（安溪界）路段，长31.62公里；第二期改建华安城关至白溪（漳平界）路段，长6.05公里。至2007年底一期工程基本完成。仙都镇的一位老大爷说："以前祖祖辈辈到县城，翻山越岭要走一天呢。"现在从县城到仙都镇的车程由原来的50分钟缩短至20分钟。

如果说省道金上线的改建只是华安交通史上的一幕，那么，让我们翻开30年华安交通建设长卷慢慢回味吧。

1978年前，华安境内只有两条公路。一条是华安至仙都23.5公里的山区简易公路。另外一条是旧漳华公路，由华安途经高车、际头、绵治、上坪、汰内至漳州。旧公路在华安境内的路段长77公里，具有线长、路窄、弯多、坡陡、行车不安全等弱点，全长有弯道1297个，弯道最小径仅12米，客车行程需四个小时。1989年，华安县委、县政府根据这一实际情况，下决心开通华安至漳州沿江公路，当年12月动工兴建。沿江的漳华公路全长约56公里，路基宽7.5米，实际投资为2380万元（其中干部、群众集资82万元），1994年底竣工通车。漳华公路华安段（潭口至城关）是华安通往漳州的重要通道，是山区华安县致富的一条经济命脉。为进一步改善该路段的通行条件，该路段改建工程于2002年8月全线开工，按二级公路设计技术标准改建，开挖山体打通红旗山隧道2150米，仅此项工程就投资3826万元。漳华公路华安段改建工程于2005年11月全线完工，改建后公路等级提高了，华安通往漳州路程缩短13公里，客车行程时间缩短为一个多小时。

2000年1月，华安城关—湖林乡—漳平市的水泥公路铺设竣工通车，全长28公里，2001年与漳华公路正式命名为省道西港线华安段。省道西港线连接漳州、龙岩、永安三市，途经芗城、华安、漳平、永安等县（市、区），是"闽中通道"列入省主干线之一。它已成为闽南与闽西南、闽中的便捷新通道。

改革开放30年来，华安公路旧貌换新颜，华安先后投入近八亿元，建成省道102公里、县道141.3公里、农村等级水泥路430.5公里，至2007年底全县91个行政村实现村村通水泥路。过去，总长107公里的九龙江北溪，南北两岸如天堑，如今华安境内有17座各式各样的桥梁，宛如一道道彩虹，横跨江面，使天堑变通途。

不仅如此，华安还拥有铁路大动脉。鹰厦铁路贯穿华安南北，境内总长89公里，沿途设有小杞、西陂、绵良、华安、罗溪、金山桥、溪南

坂、鹅山、利水、沙建、潭口等11个停靠点。为适应改革开放和经济发展的需要，鹰厦铁路全线进行电气化改建，并于1993年12月26日正式运行。自1999年起，鹰厦铁路实行新的列车运行时刻表，并实施六次提速，火车时速达65公里至75公里。2007年4月28日起，全国旅客列车全部停止在华安站办理客运业务。2008年12月21日起重新开通旅客列车。

◎ 华安三件宝
名扬海内外 ◎ 李柏森

华安有三件宝：一是世界文化遗产福建（华安）土楼，二是"中国四大名玉"、"中国十大候选国石"之一华安玉，三是名扬海内外的华安铁观音茶。华安是全国唯一一个创建"国家级铁观音茶叶绿色食品原料标准化生产基地县"。

第一件宝：世界文化遗产福建（华安）土楼。华安大地土楼群作为福建土楼的重要组成部分，于2008年7月7日正式列入《世界文化遗产名录》。大地土楼群由二宜楼、东阳楼、南阳楼组成。其核心代表二宜楼有"民居瑰宝"、"土楼之王"等称号，"二宜楼"牌匾以寓意深远和字体凝重秀丽而被收入《中华名匾》一书。

二宜楼始建于清乾隆五年（1740年），落成于清乾隆三十五年（1770年），占地面积9300平方米，外环高4层、通高16米，外墙厚达2.53米，外径73.4米。整座楼为双环圆形土楼，分成12单元，共有房间213间，为福建省两大民系（客家民系和福佬民系）之福佬民系地区单元式土楼的代表。经过国内外专家考察论证，华安土楼具有以下特点：

一是最具有代表性。华安大地土楼群以"历史悠久、规模宏大、建筑科学、文化厚重、保护完好"闻名海内外。特别是二宜楼，在福建的土楼中最早（1996年）被确定为全国重点文物保护单位。

二是文化底蕴厚重。特别是二宜楼内各种雕梁画栋、书法彩绘，丰富多彩。壁画上的西洋钟、西洋美女以及墙壁上张贴的20世纪30年代的《纽约时报》和《纽约晚报》见证了它与世界各地交流的史迹。

三是建筑艺术独特。华安土楼选址与山川和谐一致。二宜楼处于龟山和蜈蚣山的黄金分割点，建筑平面与空间布局别具一格，单元式建筑与通廊式结合，并设有内通廊与隐通廊，防卫功能周密齐全，这在福建土楼中是独一无二的。

四是真实性完整体现。福建华安土楼每座土楼都有石刻匾额，记载建筑年代与历史，特别是大地土楼群数百件精美的文物真实反映古代文化的信息，是研究、考察历史文化一大"活宝"。

第二件宝：名扬海内外的华安铁观音茶。华安县发挥山多地广、土地肥沃、生态良好的优势，引导农民致力发展茶叶种植、加工和销售。目前，全县茶园面积达到15万亩，实现农民人均1亩茶以上，茶叶加工企业7000多家，年产干毛茶1.4万吨，年创产值10多亿元，农业产值、农民收入50%以上来自茶产业。华安成为全国铁观音名茶的主产地。

华安县在茶叶发展过程中，着重从提高质量和拓展市场入手，积极创建全国唯一的"国家级铁观音茶叶绿色食品原料标准化生产基地县"。茶叶产业成为华安县农业最具特色、最有效益的主导产业。

2006年天福集团投资4000万元，在华安建成集茶叶生产、营销、文化、科研为一体的华安天福茶厂，并作为天福茶叶学院学生的铁观音品种实践基地。

华安县积极开展推介展销活动，打造华安铁观音品牌。在2008中国（澳门）国际茶博会上，华安铁观音被评为"最受消费者欢迎的产品"。在2009中国烟台绿博会上华安荣获"最佳组织奖"，哈龙峰铁观音茶叶获金奖，月亮泉和岩湖铁观音茶叶获"畅销产品奖"。在2009中国（上海）国际茶博会上荣获特别金奖1个、金奖1个、银奖2个，获奖率为乌龙茶系列最高。

第三件宝："中国四大名玉"、"中国十大候选国石"之一华安玉。华安玉是华安县的独特资源，全县分布面积大，储量十分丰富。它具有质地细腻、色彩斑斓、纹理清晰、光洁度高以及造型奇特的特点，集润、纹、形、色、皱、瘦、丑、奇等众多玩石、风景石之特色于一身，极具观赏价值，是制作假山、盆景、园林山石的上乘天然原材料。

为使更多的人了解和认识"华安三宝"，华安县采取"走出去"和"请进来"相结合的宣传推介战略：组团到港、澳、台等东南亚国家和地区举办新闻发布会，分发外宣品宣传"华安三宝"；请进来宣传报道，邀请海内外主流媒体记者到华安深入采访，并通过卫星转播在全球播放宣传。此外，还利用航海家翟墨环球航行的机会，携带"华安三宝"沿途送给各国友人。随着宣传推介力度的加大，"华安三宝"逐步走出国门，走向世界。

编 后 记

　　华安这块古老而又年轻的大地,蕴涵着几千年的历史文化积淀,并非一本书就可囊括。我们查阅诸多史实材料,从多方位多角度认真梳理出华安历史文化发展脉络,以期达到翻阅这本书就可对华安有个全面认识和了解的目的。

　　县委、县政府高度重视本书的编写工作。县委宣传部负责总体协调,牵头组织不同领域富有经验的专家组成编撰班子,认真编写并精心选取富有华安历史文化深度和特色的稿件。县委书记柯志宏、县长沈建平亲自为本书作了序。县文联、县文体局、县旅游局、县发改委、县政协文史委等单位都对本书编撰工作给予了大力支持。本书七大部分的主要负责同志为前期编写做了大量工作,在此一并致以诚挚的感谢。同时还要特别感谢海峡文艺出版社的编辑同志,为本书提出了许多宝贵意见,并做了大量修订工作,对他们的辛勤劳动,也在此一并深表谢意。

　　世界文化遗产地华安虽建县仅八十余年,但历史却源远流长、底蕴丰厚。我们希望,本书所搜集的反映华安悠久历史、山水名胜、风土人情、深厚文化积淀及时代风貌等文稿,可以让读者对绿色华安、文化华安、魅力华安、活力华安的理解有所助益。尽管付出了不少努力,但因时间仓促,学力和精力所限,书中缺憾在所难免,敬请批评指正。

编 者

2009年10月